福祉施設・事業所のための

リスク
マネジメント

～体制整備の視点とリスクマネジャーの役割～

JN075420

はじめに

　福祉サービスの分野においてリスクマネジメントの概念が認識されるようになったのは、2000（平成12）年の介護保険制度導入にともなう、いわゆる措置から契約への移行期でした。医療現場で生じた患者取り違え手術事故（1999〔平成11〕年11月）や院内感染事故、それらにともなう医療過誤訴訟が当時の民事訴訟以上に増加したことや、介護福祉施設に求められた身体拘束廃止と安全確保の両立への模索などがその背景にありました。

　そのようななか、2002（平成14）年に、厚生労働省「福祉サービスにおける危機管理に関する検討会」から、「福祉サービスにおける危機管理（リスクマネジメント）に関する取り組み指針〜利用者の笑顔と満足を求めて〜」が報告されました。同年には、当時の全国社会福祉施設経営者協議会（以下、全国経営協／現 全国社会福祉法人経営者協議会）から社会福祉法人におけるリスクマネジメントの取り組みのための指針として、「社会福祉法人・福祉施設におけるリスクマネジメントの基本的な視点」（以下、「基本的な視点」）及び「福祉施設のリスクマネジメント8つのポイント」も公表されました。

　全国経営協では、この「基本的な視点」をもとに、2002（平成14）年よりリスクマネジャー養成講座を開講しました。その副読本として、2005（平成17）年に全国社会福祉協議会（以下、全社協）から「福祉施設におけるリスクマネジャーの実践（以下、「ブックレット」）」が刊行されました。

　さらに、2004（平成16）年、全国経営協の内部組織である全国青年経営者会（現 全国社会福祉法人経営青年会）課題別検討会では、現場の体制づくりの実務に必要なツール類の開発を目的としたリスクマネジメントツール開発検討会を設置し、複数回の検討会開催を経て、事故報告書・ア

セスメントシート・業務手順書など、リスクマネジメントに必要なツールの標準モデルを作成しました。翌2005（平成17）年4月には、これらを「社会福祉法人・福祉施設におけるリスクマネジメント実践～そのツールと手法」として取りまとめました。このツール類の作成には、リスクマネジャー養成講座の講師を務めた医療・工学系の専門家による全面的な協力がありました。全国青年経営者会リスクマネジメントツール開発検討会の刊行物は、2006年以降も改訂を行い、課題別検討会の終了にともない、2016（平成28）年に「基本的な視点」に統合され、2021（令和3）年に＜Ver.3＞として刊行されています。

　本書は、2021年度の介護報酬改定にともなう、2024（令和6）年度からの安全対策担当者（リスクマネジャー）の設置義務化を機に、これまでの「基本的な視点」と「ブックレット」を統合し、福祉サービスを担う組織のリスクマネジャーの実務をサポートするものとして新たに取りまとめました。同じく2024年度より義務化される業務継続計画（BCP）策定や、近年福祉現場において深刻化している、利用者に対する虐待や権利侵害の根絶に必要な認識と取り組みについても言及しました。加えて、社会福祉法第24条に規定するサービスの質向上に関し、新たにサービスの質についてリスクマネジメントの視点からはどんな認識が必要なのかについても解説しています。

　本書は、社会福祉法人の理事長等組織の経営トップと安全対策担当者（リスクマネジャー）のそれぞれの立場に分けて、求められる役割や整えるべき体制等を記述しています。福祉施設のリスクマネジャーの実務に役立てていただくことはもとより、リスクマネジメントは経営トップが関与する組織全体の取り組みであることに鑑み、理事長等、経営トップにも手に取っていただければ幸いです。

　　令和6年4月

　　　　　　　　　　　全国社会福祉法人経営者協議会

目次

第1部
福祉サービスのリスクマネジメント

　第1部では、福祉サービスのリスクマネジメントについて、他の産業分野とは異なる目的と、福祉サービス固有の基本的視点を明らかにした上で、福祉サービス提供現場でリスクマネジメントに取り組む際、経営者・管理者の担う役割と、リスクマネジャーの担う役割及び実践について明らかにする。加えて、社会福祉法第24条に定めるサービスの質の向上について、サービス管理の側面からリスクマネジメントに焦点をあてて解説する。

1 固有の目的と基本的視点

1 社会福祉法人経営におけるリスクの全体像

　社会福祉法人は、社会福祉事業を行うことを目的に、社会福祉法第22条の規定に基づき設置された法人です。社会福祉法人の経営上のリスクは多岐にわたりますが（**図表1**）、大きく分けると二つの側面があります。

　一つは、人事・労務管理、財務・会計管理、サービス提供、資産・物品・情報管理など組織経営全般にわたるリスクを幅広くとらえるものです。もう一つは、事故や苦情、虐待、感染症や大規模災害対応などの利用者に対するサービス提供上のリスクに焦点をあててとらえるものです。社会福祉法人のリスクマネジメントに取り組むにあたり、これら二つの側面のリスクを正しく把握し、必要な対策を講じる必要があります。

　それでは、これら二つの側面のうち、いずれのリスクに優先的に取り組むべきでしょうか。結論としては、後者の利用者に対する福祉サービス提

図表1　社会福祉法人経営におけるリスクの全体像

サービス提供行為に起因するリスク		
サービス提供時の事故、苦情、施設内感染		
財務的側面（市場）からのリスク		
資金不足（キャッシュフローによるショート）、資金調達が困難、徴収不能金の発生		
財産損失のリスク		
地震、台風、水害などの自然災害、火災、事故、盗難、施設・設備の老朽化		
人事・労務上によけるリスク		
人事・労務管理（コントロール）体制の未構築…士気の低下、人材の流出、労働災害や病気		
違法行為により発生する法的なリスク		
関係法令違反、情報の漏えい		
外部の経営環境の変化によるリスク		
法律・制度改正、景気の変動、市場の変化、社会構造の変容など事業活動成否にかかるリスク		

（サービス管理におけるリスク）

法人に対する信用低下のリスク（レピュテーション・リスク）

出典：全国社会福祉法人経営者協議会「社会福祉法人・福祉施設におけるリスクマネジメントの基本的な視点＜ Ver.3 ＞」2021 年

供上のリスクに対し、優先して取り組むことが必要となります。その根拠を、社会福祉法などから確認してみましょう。

② 福祉サービスのリスクマネジメントの基本的視点

①福祉サービスに関する社会福祉法の規定

社会福祉法人は、非営利組織としての固有の目的をもっています。それを示しているのが、社会福祉法第1条です。条文には以下のとおり規定されています。

（目的）

第1条　この法律は、社会福祉を目的とする事業の全分野における共通的基本事項を定め、社会福祉を目的とする他の法律と相まって、福祉サービスの利用者の利益の保護及び地域における社会福祉（以下「地域福祉」という。）の推進を図るとともに、社会福祉事業の公明かつ適正な実施の確保及び社会福祉を目的とする事業の健全な発達を図り、もつて社会福祉の増進に資することを目的とする

この条文のなかで、"利用者の利益の保護"という規定に注目します。ここから、利用者の利益を損なう状況や行為はリスクといえます。それでは、利用者の利益を保護する福祉サービスとは、どのようなあり方をさすのでしょうか。それを示しているのが第3条です。

（福祉サービスの基本的理念）

第3条　福祉サービスは、個人の尊厳の保持を旨とし、その内容は、福祉サービスの利用者が心身ともに健やかに育成され、又はその有する能力に応じ自立した日常生活を営むことができるように支援するものとして、良質かつ適切なものでなければならない。

　福祉サービスの基本理念として、福祉サービスは"個人の尊厳の保持"を旨とすることが規定されています。では、尊厳を保持する福祉サービスとはどのようなものなのでしょうか。それを示しているのが第5条です。

（福祉サービスの提供の原則）

第5条　社会福祉を目的とする事業を経営する者は、その提供する多様な福祉サービスについて、利用者の意向を十分に尊重し、地域福祉の推進に係る取組を行う他の地域住民等との連携を図り、かつ、保健医療サービスその他の関連するサービスとの有機的な連携を図るよう創意工夫を行いつつ、これを総合的に提供することができるようにその事業の実施に努めなければならない。

　第5条では、福祉サービス提供の原則として、利用者の意向を十分尊重することや、他の関連するサービスとの有機的連携などが規定されています。尊厳を保持する福祉サービスとは、具体的には利用者の意向が尊重されることだと解釈できます。利用者の意向の尊重とは、選択の自由が保障されることです。選択の自由とは、モノやサービス・場所などの選択、自分が希望することや希望しないこと、自分に対してしてほしいことや、してほしくないことなどが尊重されることなどを意味します。つまり、虐待等の行為は、第3条に定める尊厳の保持の規定に反するだけではなく、第5条の規定にも反します。

　さらに第24条第1項には、事業者によるサービスの質の向上の責務が規定されています。

（経営の原則等）

第24条　社会福祉法人は、社会福祉事業の主たる担い手としてふさわしい事業を確実、効果的かつ適正に行うため、自主的にその経営基盤の強化を図るとともに、その提供する福祉サービスの質の向上及び事業経営の透明性の確保を図らなければならない。

2　（略）

　サービスの質は、"保証のレベル"と"向上のレベル"の二つからとらえることができます。保証レベルの質とは、社会等が求める外部から規定される質です。最低基準としての質ともいえます。行政による監査がその代表的なものです。一方で、向上レベルの質とは、その保証レベルの質よりさらに高いレベルの質のことをさします。組織内部から主体的につくりだされる質です。前者を Quality Assurance（QA）、後者を Quality Improvement（QI）といいます。向上レベルの質とは利用者の意向に沿った質ともいえます。詳しくは第1部第4章「サービス管理とリスクマネジメント」で説明します。

　第 24 条第 1 項では、"福祉サービスの質の向上"と規定されていますので、保証レベルの質では不十分と解釈できます。措置基準や省令等で示されている質はあくまでも最低基準であり、それを上回る、利用者の意向に沿った質の高い福祉サービスを、我われは提供する責務があるといえます。顧客のニーズに沿った商品やサービスの開発をしなければ、モノやサービスを買ってもらえず、経営の安定性を大きく左右してしまうことは、一般の製造業やサービス業においては、極めて当たり前の考え方ともいえます。

　このように、福祉サービスのあり方については、社会福祉法の規定に注目する必要があります。ポイントをまとめると次のとおりとなります。

第1条：利用者の利益の保護

第3条：個人の尊厳の保持

第5条：利用者の意向の尊重

第 24 条：社会福祉法人としてのサービスの質の向上の責務

---

②福祉サービスのリスクマネジメントの視点を定めた厚生労働省・全国経営協のガイドライン

　福祉サービスの質については、このように、法律上具体的に示されてい

ることが理解できたことと思います。それでは、これらをふまえた厚生労働省「福祉サービスにおける危機管理（リスクマネジメント）に関する取り組み指針（平成14年3月）」[1]をみてみましょう。

　本指針では、福祉サービスにおけるリスクマネジメントの基本的な視点として、社会福祉法第3条の尊厳の保持の規定に言及したあと、以下のように記されています。

> 　介護サービスを提供する福祉施設等からは、利用者の自律的な生活を重視すればするほど「リスク」は高まるのではないか、と危惧する声も聞こえてきます。しかし、事故を起こさないようにするあまり、極端に管理的になりすぎてしまい、サービスの提供が事業者側の都合により行われるとするならば、人間としての成長、発達の機会や人間としての尊厳を奪うことになり、福祉サービスの基本理念に逆行することになりかねません。

　指針では、尊厳の保持を根拠として、福祉サービスの基本的な視点を論じています。加えて、上記に続き、「福祉サービスにおけるリスクマネジメントは、『自由』か『安全』かの二者択一ではなく、福祉サービスにおいて事故を完全に未然防止することは困難なものであると捉えています」と記述されています。

　その上で、事故を限りなく「ゼロ」にするためにはどうしたらよいか、あるいは事故が起きてしまった場合に適切な対応を図ることはもとより、同じような事故を再び起こさないためにどのような対策を講じるかなど、「より質の高いサービスを提供することによって多くの事故が未然に回避できる」という考え方により、積極的にサービスの質の向上への取り組みをすすめることが重要とも記されています。

　事故発生後の対応を定めるクライシスマネジメントの視点（15頁参照）を含め、福祉サービスの質を高めていくことの必要性を意識して記述され

ているといえます。

　次に、全国経営協の『社会福祉法人・福祉施設におけるリスクマネジメントの基本的な視点＜ver.3＞』令和3年12月[2]をみてみましょう。

　全国経営協では、福祉サービスにおけるリスクマネジメントを「利用者の安全を最大の眼目としたサービスの質の向上と利用者満足度の向上を目指す活動」と位置づけ、福祉サービスにおける事故を防止し、よりよいサービスを提供するためには「サービスの質の向上」が不可欠であるという考え方に立っています。

　いい換えれば、「よりよいサービスを提供すれば、サービス提供の場面における事故等の発生を防ぐことが可能となる」ということでもあり、日々実施しているサービスについて、あらためてリスクマネジメントの視点に基づいて見直すことが、その取り組みの基本になるとしています。

　一方で、福祉施設においては、利用者の生命や身体等に直接かかわる日常生活全般にかかわるサービスを提供していることから、リスクマネジメントを利用者の安全・事故防止を主眼とし、「サービス管理」の側面を中心としてとらえるべきとも指摘しています。冒頭に記したサービス提供上のリスクに焦点をあててとらえるということと同じ意味です。これが、全国経営協の指針の特徴の一つです（サービス管理の側面からとらえるリスクマネジメントの視点については、第1部第4章「サービス管理とリスクマネジメント」で詳述します）。

　全国経営協では、利用者の安全・事故防止を主眼としたリスクマネジメントの実践の普及・定着をすすめるため、経営（社会）環境の変化を視野に、これまでに3回、指針の改定を重ねてきました。福祉サービスのリスクマネジメントに関する最重要課題は、前述のとおり福祉サービス提供にともなうリスクです。福祉施設は「生活の場」であることから、24時間365日あらゆる生活場面でリスクがあり、マネジメントするリスク対象が特定しづらいものです。他のサービスや事業者と比較して、財物的リスク

よりも身体的リスクが相対的に高いという特徴もあります。

　利用者それぞれの身体等の状況、施設の環境、サービス提供内容などを含め、個別的にリスクをとらえる必要もあります。さらに、高齢・障害などの特性、子どもにおいては発達の過程にある好奇心などにより、利用者そのものが保有しているリスクが高く、いつ、どこで、どのように発生するかわからない事故が多いことも特徴の一つといえます。

　経営全般に関するリスクに目を向けると、法や社会からの期待、法人理念等から乖離した意思決定も重大なリスクであり、これら国が示すガイドラインや全国経営協などの業界団体が示すガイドラインのみならず、社会福祉士・介護福祉士等国家資格保持者にとっては、それら職能団体等が定める行動指針[3]や倫理規定からの乖離も大きなリスクとなります。

③利用者（顧客）満足の視点

　昨今、福祉サービス利用者の権利意識の高まりや、福祉サービスへの競争原理の導入といった環境変化を背景に、福祉サービスにおいても、損害賠償責任を問われる事案が増加しています。こうしたことへの対応に関する正しい理解と事故防止対策の検討は、サービスの質の保証の観点からも欠かせません。一方で、サービスの質の向上の取り組みにつながる「顧客満足」の観点からは、法的責任や規制の有無を問わず、常によりよいサービスを提供していこうという誘因もはたらきます。これは社会福祉法第24条第1項に規定されているサービスの質の向上にも通じるものです。福祉サービス全般において、今や一般のサービス業と同様の意識改革が求められています。

　損害賠償責任を問われることに力点を置きすぎると、規制的な面が強くなることで現場が萎縮し、現場からよりよいサービス提供や業務改善に関するアイデアが出にくくなる危険性があります。職員がサービスの質の向上を志向できる組織風土をつくり、現場の創意工夫をいかした課題解決の

ための活動（QC〔Quality Control〕活動など）を活用した取り組みも重要です。サービスの質の向上に取り組むことは、福祉サービス提供現場で働くスタッフのモチベーションを高める観点からも重要です。

　社会福祉法人には、従来からの品質保証としての「この水準（現状）のサービスを保つ」といった取り組みを超えた、「よりよいサービスを創意工夫をいかしてどう提供するか」といった、ポジティブな取り組みを期待されているといえます。

④クライシスマネジメントの視点を重視

　近年の大規模災害の発生を教訓として、クライシスマネジメントの概念が一般化してきました。クライシスマネジメントとは、事故発生後の事業の継続を機能面及びサービス面から保障していく概念です。生活の場である福祉サービス提供現場でも、未然防止としてのリスクマネジメントの取り組みのみならず、事故が発生することを前提に対策（被害の最小化や二次被害の防止等）を講じるクライシスマネジメントの取り組みが重要です。事業継続計画（BCP）の策定はその証左となります。

　それでは、事故とはいったいどのように発生するのでしょうか。そのメカニズムについて、次にみてみます。

3　事故発生のメカニズム

　大前提として、福祉サービスに限らず事故は、職員個人のミスではなく、システムのエラーとして発生するという認識が重要です。また、前述の厚労省のガイドラインに記されているとおり、事故を完全に無くすことはできないものととらえる必要もあります。以下、そのことについて二つの概念から説明します。

①事故は確率で発生する（ハインリッヒの法則）

　ハインリッヒの法則とは、軽微な事故への対策を確実に実施することにより、大事故の発生を未然に防ぐことができることを示した法則とされています。アメリカの研究者ハインリッヒにより、労災事故の発生確率をもとに導き出されました。ハインリッヒの法則（**図表２**）では、１件の死亡事故等重大事故の影には、29件の障害が残らない程度の事故があり、さらにその影には300件もの軽微な事故があると示されています。

　事故の発生に関し、当事者となった職員の責任を追及しても、未然防止にはつながりません。逆に個人の責任を追及することで職員が萎縮してしまい、責められるくらいなら今後は軽微な事故は隠そうという心理がはたらくとしたら、組織にとっては大きなマイナスです。報告することが躊躇されるようになると、事故を未然に防げないばかりか再発防止にもつながらないからです。職員が軽微な事故や「ヒヤリハットした」ことを、安心して報告できるルールが組織内にあることで、事故を予防する対策につなげることができます。そのことが、重大な事故をなくす第一歩であることを組織全体で認識することが重要です。この軽微な事故や「ヒヤリハットした」ことの報告を行うためのツールが、ヒヤリハット報告です。ヒヤリハット報告は、製造業を中心とした安全衛生の分野で、労災事故の未然防止につなげる取り組みとして用いられてきました。

　些細なことでも報告することがルール化されることで、職員が安全に対

図表２　ハインリッヒの法則

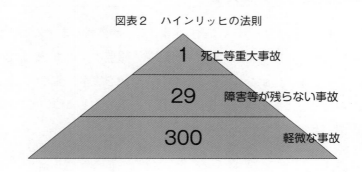

する意識を高めることにもつながります。生活の場である福祉サービス提供現場では、利用者の行動等で、ヒヤリハットする場面は多々あります。ヒヤリハット報告をもとに、事故につながる可能性のある出来事の芽を摘む努力は、重大事故を未然に防ぐためには欠かせません。

　このように、ハインリッヒの法則では、底辺の軽微な事故を減らす取り組みが、頂点の重大事故発生を未然に防ぐと考えます。一方で、そのような取り組みを行い発生確率が下がったとしても、頂点の1（死亡等重大事故）は無くならないことに留意が必要です。つまり、ハインリッヒの法則は、確率の高低の差はあるものの、事故はいつか必ず発生するということも表しています。アメリカのNASAは人身事故を伴う打ち上げ失敗の確立を113分の2（1.76％）としています[4]。また、アメリカ内で航空機に乗って死亡事故に遭遇する確率は111,111分の1　（0.0009％）とされており[5]、確率の違いはあってもいつか事故は起こるものとされています。

　ヒヤリハット報告は軽微な出来事等の報告書なので、運用を長く続けていると報告を作成すること自体が目的化してしまい、取り組みが形骸化してしまう危険性が常に付きまといます。ヒヤリハット報告が、重大な事故を予防するデータとして活用されなければ、職員の負担が増えるのみならず、報告があったにもかかわらず対策が講じられなかったといった、過失責任にもつながりかねない新たなリスクを生じさせる要因にもなりかねません。ヒヤリハット報告本来の目的を再認識し、組織全体でもその意味を共有し続けることが重要です。

②事故はさまざまな要因が重なって発生する（リーズンの軌道モデル［スイスチーズモデル］）

　スイスチーズモデル（図表3）とは、事故は様々な要因が重なって発生することを示したものです。通常、事故やトラブルが想定される事象に対しては、いくつかの「防護壁（エラーを防ぐ要素）」を設けることで事故

を防止します。しかし、この防護壁の脆弱な部分や連鎖的なエラーといった「穴」を次々と通過してしまうと事故が発生します。このような防護壁の脆弱な部分をチーズの穴にたとえ、スイスチーズモデルとして提唱されました。

　例えば、**図表3**のようにAさんが転倒事故を起こしたとした場合、施設の構造、職員配置、サービス提供時間帯、Aさんの身体状況、天候などの関連する要素があると考えられます。これらの要素は単独では事故になり得ませんが、それぞれの要素の穴（脆弱性）が重なり、すべてが貫通（連鎖）した結果、事故になったということを表しています。ハインリッヒの法則でいう、軽微な事故やヒヤリハット報告で報告されてくる事例とは、この穴のことをさすともいえます。事故につながる可能性のある個々の穴を埋める努力をすることが重要となります。

　事故を未然に防ぐためにも、日頃発生する軽微な事故や、ヒヤリハットする事例に対し、丁寧にその芽を摘む努力を職員の協力を得ながら、組織全体で行う必要があります。

図表3　スイスチーズモデル（リーズンの軌道モデル）

転倒事故発生に関する様々な要因の例

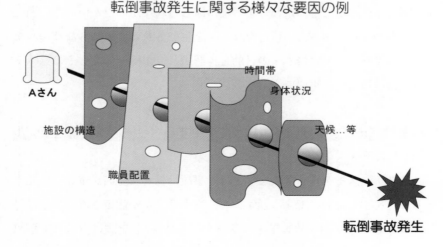

　これらの二つの法則から、事故は確率かつ複合的な要因が重なって発生することが導き出されます。事故は、当事者となったスタッフの見落としや手違いなどの一つの側面による属人的なエラーというよりも、複合的かつ確率的に発生するといえます。事故が発生したときには、その事故の背後にはどのような要因があったのかを探ることが求められます。リスクマネジメントの取り組みを行うにあたって、事故等の発生時に、安易に職員個人の責任を追及することがあってはなりません。「責任」追及から「原因」追求へと意識を改めることが重要です。

④　事故・苦情とは何か

　福祉職場で、事故予防や苦情軽減に向けた取り組みを長年すすめていても、なかなか事故・苦情が減らないといった悩みに直面することがあります。事故や苦情とは、顧客の"こうあってほしい"というサービスへの期待に対し、実際に提供されたサービスが相対的に劣っていたり、あるいは予期せぬマイナスの出来事が生じた際に、顧客が事故や苦情として"認識"することに注目します。つまり、家族や利用者などサービスを受ける側のサービスに対する期待値と、スタッフが提供する実際のサービス内容に乖離が生じた状態が、事故・苦情の正体といえます（**図表4**）。
　例えば、我われは動画共有サイトなどで、自動車の衝突実験で自動車が

図表4　サービスレベルの期待値のずれ

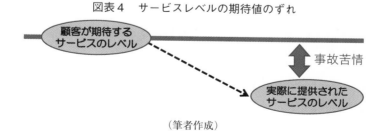

（筆者作成）

壊れる場面を見ても、それを事故とは認識しません。一方で、公道上で自動車同士が衝突した場面を見ると事故と認識します。また、自転車に乗れない子どもがいつか自転車に乗れるようにと練習する過程で自転車ごと転んでも、それは事故とはとらえず上達するまでの過程で生じる必然的な出来事と認識しますが、中学生になって自転車通学をするようになり、登校途中で自転車ごと転んだら、事故として認識します。どちらの例も、自動車が壊れていること、自転車で転ぶこと自体は同じ出来事です。

　福祉サービスに対する家族の期待と、実際に提供された福祉サービスのずれが生じる場面とは、どんな場面でしょうか。介護施設の緊急ショートステイを例にして考えます。緊急ショートステイを利用するにあたって、家族にとっては、介護の必要な親が家にひとりでいてもらうより、介護施設であずかってもらったほうが、安全で安心と考えるのが一般的といえます。一方で、介護施設のスタッフは、緊急ショートステイは利用者の納得が十分に得られていない可能性があることや、緊急であるが故に提供される情報が不十分なことを経験的に知っており、通常のショートステイよりも転倒などのリスクは高いと認識します。したがってスタッフは、そのような利用者に対し、介護サービスの提供に際して不安を覚えます。このようななかで利用が開始され、やはり予想通り、突然の利用開始で不安になった利用者が、施設内を歩き回った上に転倒してしまい、不運なことに大腿骨頸部骨折に至ってしまったという場合です。

　大腿骨頸部骨折は、骨がもろくなっている高齢者にはよくある骨折のケースですが、一般の人々はよほどのことがない限り大腿骨頸部骨折に至るようなことはないので、このような骨折のケースは、介護施設の職員など事情がわかるもの以外にはあまり知られていないケースといえます。

　介護サービスの利用開始時に、緊急ショートステイのリスクや高齢者の転倒事故の具体的内容に関し、家族が施設のスタッフなどから事前に十分説明を受けていた場合、このような骨折事故が起こっても、ある程度状況

を理解し納得できるかもしれません。一方、十分な説明がなく利用が開始され、転倒・骨折事故が生じた場合、家族はなぜ専門職がいてバリアフリーの構造になっている介護施設で、よりによって大腿骨の付け根を骨折するような事態が生じるのかなど、施設に対し大きな不信感を抱かれることは容易に想像できます。なぜなら、転倒のリスクまではある程度想像できても、その結果、大腿部頸部骨折に至る可能性があるなどのリスクは、前述のとおり一般にはあまり認識されにくいといえるからです。

　このように、転倒による大腿部頸部骨折が、家族に状況を理解してもらえる例がある一方で、納得のいく説明等がないと関係性がこじれ、場合によっては訴訟にまで発展してしまう例もあります。この場合、事故とは、転倒し骨折したこと自体をさす以上に、介護サービスに対する期待値と、実際に起こった事象により生じる認識のずれによって生じるともいえます。重大な事故が発生したというように認識される家族がいる一方で、転倒・骨折は生じてしまったが、起こり得ることで致し方なかったと認識される家族もいるのです。

　いまや多くの福祉施設に置かれた、リスクマネジメント委員会等を通じて、転倒事故がどのような状況で発生しやすいかなどの分析が行われています。それらのデータに基づき、施設では転倒事故の発生しやすい状況をできる限り回避する方策を講じることはもちろんのこと、家族や利用者に対しては、転倒事故の発生状況をより具体的に収集したデータなどをもとに伝えることで、家族の期待値と職員によるサービス提供レベルの差が小さくなり、「事故」と認識される事象を少なくすることができます（図表5）。

　よって、事故を減らすとは、転倒などの物理的な事象そのものを減らすということだけではなく、事故と認識されること自体を減らすという視点も併せてもつことが重要です。

図表5　期待値とサービス提供レベルの差を埋める

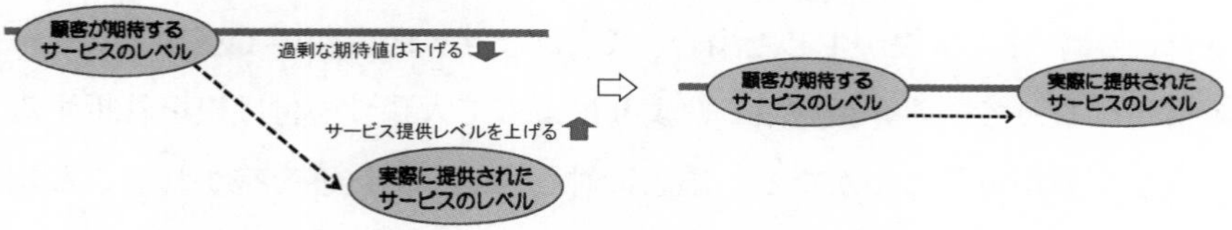

（筆者作成）

5　事故と損害賠償

　図表6では、リスクマネジメントの対象範囲を、損害賠償責任の有無によって区分しています。その明確な線引きは容易ではなく、施設に求められるサービスの水準をどのように設定するかによって、安全配慮義務の要素である結果予見義務と結果回避義務の範囲も異なってくるため、「①損害賠償責任を問われる部分」と「②損害賠償責任は問われないが、改善が望まれる部分」は密接な関係にあります。

　福祉施設の場合には、損害賠償責任を追うか否かはグレーな部分があります。サービス提供のレベルが高い福祉施設を水準として考えると、リスクマネジャーを置いていない、事故防止対策の意識づけも行っていない、安全教育や訓練も行っていないというような施設で転倒事故が起こった場合、その施設は、予見や回避の努力を尽くしたとはいえないといった見方も成立します。逆にサービス提供のレベルを低くすれば、リスクマネジャーを設置していない等をもって義務違反とはいえないという見方も成り立ちます。

　このようななかで、施設においては、例えば転倒事故では転倒した利用者に対するアセスメントの状況、その結果とされた対策、転倒防止の取り組み状況、研修体制などが検討されると思われます。求められる水準については、各施設種別の特性等を勘案しつつ、慎重に検討していく必要があります。

図表6 リスクマネジメントの全体像

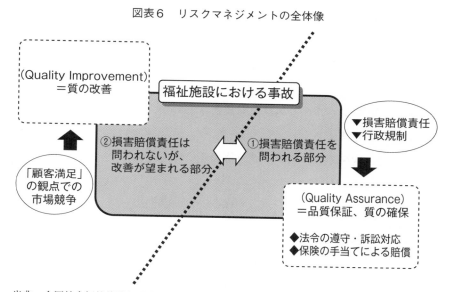

出典：全国社会福祉施設経営者協議会「社会福祉法人・福祉施設におけるリスクマネジメントの基本的視点」2002年、7頁

　福祉施設においても、法人・施設が安全配慮義務を負うことは判例上定着しつつあります。典型的な事故パターンとしては、転倒・転落・誤飲・誤嚥・感染症・食中毒・行方不明などがあります。前述のように、今後これらの事故が紛争や訴訟化する傾向は避け難い面があるものの、「サービスの質の向上」の観点に立った、リスクマネジメントシステムの構築を指向する必要があります。

6 リスクマネジメントの基本的なすすめ方（4つのステップ）

　リスクマネジメントの取り組みは、リスク自体をどうとらえるかによって変わります。リスクの構成要素は、ⓐリスク源、ⓑ起こり得る事象、ⓒそれらの結果、ⓓ起こりやすさ、として表されます。転倒を例に考えると、リスク源は「滑りやすい床」であり、起こり得る事象は「転倒事故」、結

果は「転倒によるケガや骨折」、起こりやすさは「転倒事故が起こる確率」
となります。つまり、「転倒のリスク」は、滑りやすい床を原因とする転
倒がどれくらいの確率で発生し、その結果、骨折がどの程度の割合で発生
するかということといえます。リスクマネジメントの取り組みをすすめる
にあたり、どのレベルのリスクを対象とするのか、まずその方針を確定さ
せる必要があります。

　その上で、次の4つのステップ（**図表7**）ですすめていきます。

図表7　リスクマネジメントの進め方

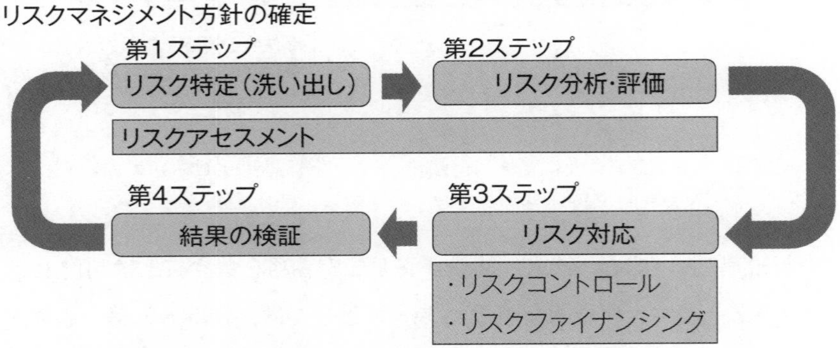

リスクマネジメント方針の確定

出典：「ISO31000（リスクマネジメントの国際規格）」に基づき筆者が作成

①リスクの特定（洗い出し）、リスク分析・評価（リスクアセスメント）

　第1のステップとして、リスクの特定（洗い出し）を行い、第2のステッ
プとしてその特定したリスクの分析・評価を行います。これらリスクの特
定、分析・評価の一連のプロセス全体をリスクアセスメントといいます。
　リスクの特定（洗い出し）とは、分析の対象となるリスクを見つけ出し、
整理することです。リスクの分析とは、特定したリスクに対し、リスクの
原因、リスクの好ましい結果と好ましくない結果や起こりやすさを検討し、
結果及び起こりやすさに影響を与える要因を把握することです。さらに、
リスクの評価とは、特定したリスクの起こりやすさ（損害の発生度）、損

害の規模（影響規模）を推定し、その結果に基づき行うものです。

　このようなプロセスを経てリスクの全体像を把握し、リスク処理の優先順位を明らかにします。**図表8**のように、起こりやすさが高く、影響も大きいリスク（領域A）は最優先で対応し、リスクを低減（領域CまたはBに）しなければなりません。起こりやすさが高く、影響規模が小さいリスク（領域B）は、起こりやすさを低減し（領域Dへ）、起こりやすさは低いが、影響規模が大きいリスク（領域C）は、リスクの保有も可能ではありますが、起こったときの影響規模を低減（領域Dへ）することが求められます。起こりやすさが低く、影響規模も小さいリスク（領域D）は、リスクの保有が許容されます。

図表8　リスクマトリックスに対する対応原則

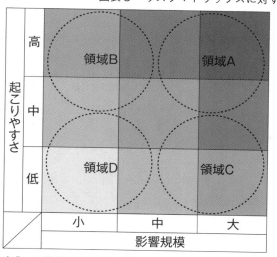

出典：三菱総合研究所実践的リスクマネジメント研究会 編著『リスクマネジメントの実践ガイド　ISO31000の組織経営への取り込み』日本規格協会、31頁

②リスク対応・結果の検証

　第3ステップでは、第1ステップで特定したリスクへ適切に対応することが重要となります。リスクマネジメントの中心となるリスク対応は、一

般にリスクが好ましくない影響を与える場合は、リスクそのものの発生を少なくする、もしくは発生した際の被害を最小限にする「リスクコントロール」と、損失補填をするために金銭的な対応をする「リスクファイナンシング」に分類できます（**図表9**）。

　福祉サービス提供に焦点をあてたリスクマネジメントでは、「リスクコントロール」が中心となり、なかでも根本原因を除去（図表9のⅢ）するか、それができない場合は、予防・最適化・低減するといった対応（図表9のⅣ・Ⅴ）が中心となります。

　第4ステップとして、結果の検証を行います。取った対応策が、有効に機能しているかどうか、再発防止を視野に入れ、モニタリングや評価をすることが求められます。

図表9　リスク対応の分類

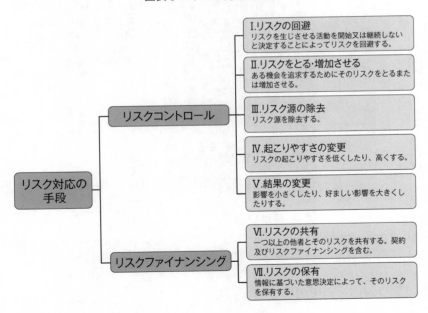

出典：「ISO 31000：2018 リスクマネジメント解説と適用ガイド」日本規格協会、2019 年、96 ～ 98 頁をもとに筆者作成

⑦　近年のリスク／リスクマネジメントの定義

　これまで一般的には、リスクとは「組織に好ましくない影響を及ぼす可能性のあるもの」として定義され、リスクマネジメントは、「好ましくない影響を管理するための手法」として認識されていました[6]。

　しかし今では、社会の変化のスピードが速くなり、人々の価値観が多様化し社会システムが複雑になるなか、リスクの概念も変化してきました。2009年に発効した「ISOガイド73」では、リスクを「好ましい影響と好ましくない影響をともに含み、また期待値と乖離しているもの」と定義づけ、リスクマネジメントを、好ましくない影響の管理手法から不確実なものを取り扱うものとして位置づけています。

　日本工業規格「リスクマネジメント―原則及び指針」（JISQ31000：2019）では、リスクマネジメントとは、「リスクについて、組織を指揮統制するための調整された活動」であるとされています。つまり、好ましい影響と好ましくない影響を含む、あらゆるリスクへの対応を想定した組織経営の基礎的な手法といえます。この場合、組織におけるリスクマネジメントの取り組み内容は、組織がリスクをどうとらえるかによって変わります。

　また、リスクの把握が、現場の担当者によって行われている場合、個々人のとらえ方によって把握されるリスクが異なることになり、組織として検討が必要なリスクが把握されている保証はありません。組織にとって管理が必要なリスクを特定していくためには、組織経営全般から俯瞰的にリスクをとらえていく必要があります。

　近年、社会福祉法人経営に影響を及ぼす外部環境の変化のスピードは速く、その変化の内容を、正しく危機意識をもって認識することは、福祉サービスのリスクマネジメントを考える上でも重要です。前項の定義及び説明に即して考えれば、社会福祉事業の継続の成否等を不確かにする二つの側

面に対する外部及び内部環境に生じる要素が、社会福祉法人経営における
リスクであるといえます。

　全国社会福祉法人経営者協議会の「アクションプラン2025」[3]では、「社
会福祉法人は、『社会、地域における福祉の充実・発展』に寄与すること
を使命とし、社会福祉事業の安定的・継続的経営に努めるとともに、多様
な生活課題や福祉需要に柔軟かつ主体的に取り組む」とうたっています。
この命題のもと、「社会福祉法人行動指針」（社会福祉法人に求められる取
り組み課題）に基づく経営実践を会員法人に求めています。したがって、
これらの使命や行動指針から乖離した状態をもリスクとしてとらえること
ができます。

　リスクマネジメントを組織で有効に機能させるためには、担当者による
リスク管理のみではなく、経営者・管理者を含む組織活動を中核とするリ
スクマネジメントの取り組みが重要になります。このように考えると、リ
スクマネジメントの推進には、経営者・管理者のリーダーシップが極めて
重要といえます。

2 経営者・管理者の役割

1 法や法人理念の共有と浸透

①利用者の尊厳を守る

　社会福祉法第3条に、福祉サービスの基本理念として、「福祉サービスは個人の尊厳の保持を旨とする」と規定されていることや、厚労省が2002（平成14）年に発表した、「福祉サービスにおける危機管理（リスクマネジメント）に関する取り組み指針」でも「尊厳の保持」に言及されていることは前述のとおりです。

　社会福祉法第3条に示されている「尊厳」の概念は、第2次世界大戦の反省に基づき、1948年12月の第3回国際連合総会で採択された世界人権宣言の全文及び第1条に規定された人権に関する概念です。人や人の命が尊いものとして尊重され、個人の自由意思に基づく選択や決定が誰にも平等に尊重されるといった意味をさし示します。福祉サービスの基本理念に、この「尊厳の保持」が規定されていることの意味は重いといえます。福祉サービスを提供する組織の経営者は、「尊厳」の意味を理解し、事業に反映させる姿勢をもつことが重要です。時折、福祉施設で虐待をはじめとする人権侵害に関する事件が生じる背景には、利用者の「尊厳を守り続ける」といった経営者・管理者の福祉観・人間観の欠如があるともいえます。

②経営者・管理者による継続的な発信の必要性

　経営者・管理者は、これら尊厳の保持に関し、事後的なチェックとしてではなく、常日頃からさまざまな場面を通じ職員に語りかけて組織内に浸透させることによって、施設等における虐待や人権侵害の未然防止につなげることができます。人権侵害となる虐待防止のリスクマネジメントには、

虐待等を生じさせないための継続した予防的な取り組みが、とりわけ重要だといえます。

２　法令により求められる体制整備

①法令・運営基準の遵守

　福祉サービスのリスクマネジメントに取り組むにあたり、社会福祉法をはじめ、関連する法令の根拠となる内容を確認し、システムに反映させることの重要性は、これまで述べてきたとおりです。第１種社会福祉事業及び第２種社会福祉事業を行う施設等には、それぞれに省令で、人員に関する基準、設備に関する基準、運営に関する基準が定められています（社会福祉法第 65 条）。これらは、提供される福祉サービスの最低限度の水準であり、福祉サービスの提供がこれを下回ることはないように規定されているものです。前述の「質の保証」レベルのサービスです。各々の施設において、基準に沿った体制整備は最低限不可欠です。

　事故発生時の対応についても運営基準で定められています。ここでは、「指定介護老人福祉施設の人員、設備及び運営に関する基準」を例に取り、定められている事項について確認します。基準第 35 条には、**図表 10** のとおり規定されており、その解釈通知である「指定介護老人福祉施設の人員、設備及び運営に関する基準について」（平成 12 年 3 月 17 日付厚生省老人保健福祉局企画課長通知）[7] には、事故発生防止のための指針に盛り込む項目や、事故等の事実及び改善策の従業者に対する周知徹底の進め方など具体的な対応が定められています。

②2021（令和３）年度介護報酬改定による体制整備

　2021（令和３）年度の介護報酬改定では、介護保険施設における事故発生の防止と事故発生時の適切な対応（リスクマネジメント）を推進する

図表 10　事故発生の防止及び発生時の対応を定めた、指定介護老人福祉施設の人員、設備及び運営に関する基準（平成 11 年厚生省令第 39 号通知）

第 35 条　指定介護老人福祉施設は、事故の発生又はその再発を防止するため、次の各号に定める措置を講じなければならない。
一　事故が発生した場合の対応、次号に規定する報告の方法等が記載された事故発生の防止のための指針を整備すること。
二　事故が発生した場合又はそれに至る危険性がある事態が生じた場合に、当該事実が報告され、その分析を通じた改善策を従業者に周知徹底する体制を整備すること。
三　事故発生の防止のための委員会（テレビ電話装置等を活用して行うことができるものとする。）及び従業者に対する研修を定期的に行うこと。
四　前三号に掲げる措置を適切に実施するための担当者を置くこと。
2　指定介護老人福祉施設は、入所者に対する指定介護福祉施設サービスの提供により事故が発生した場合は、速やかに市町村、入所者の家族等に連絡を行うとともに、必要な措置を講じなければならない。
3　指定介護老人福祉施設は、前項の事故の状況及び事故に際して採った処置について記録しなければならない。
4　指定介護老人福祉施設は、入所者に対する指定介護福祉施設サービスの提供により賠償すべき事故が発生した場合は、損害賠償を速やかに行わなければならない。

観点から、施設系サービスに、安全対策担当者を定めることが義務とされました。事故報告様式の作成と周知、事故発生の防止等の措置が講じられていないことも含め、組織的な安全管理体制が未実施の場合、1 日当たり 5 単位の減算措置が示されました。一方で、外部の研修を受けた担当者が配置され、施設内に安全対策部門を設置し、組織的に安全対策を実施する体制が整備された場合は、入所時に 1 期限りではありますが、20 単位の安全対策体制加算が新たに設けられています。

　2021 年度の介護報酬改定で示された、体制整備・事故報告書の作成・委員会の設置・教育訓練の実施等は、すでに前述の平成 11 年厚生省令第 39 号通知で示されている内容であり、各施設ではすでに整備されている

という前提であることに留意が必要です。

③ 組織・職場風土づくり

①経営者・管理者の関与が不可欠

　前述のとおり、経営者・管理者は、社会福祉法をはじめとした関連する法規に基づき、かつ、法人自らが掲げる経営理念を反映させ、リスクマネジメントに関する体制を整えることが必要です。その際、施設をはじめサービス提供現場で発生した事故は、職員個々の問題としてとらえるのではなく、組織全体のシステムのエラーとしてとらえ、組織として対策を講じることを基本とします。つまり、サービス提供現場からの報告や改善提案が発信しやすい体制を取る必要があります。

②現場の創意工夫をいかす

　これまで、措置制度下の福祉施設では、制度として決められたことを決められたとおり実施しチェックするといったことに機能しやすい、いわゆるトップダウン型の施設内コミュニケーションが中心でした。この方法は、決められたことを速やかに組織内に伝達するためには有効である反面、現場の創意工夫をいかした新たな取り組みや改善策などを出し合うには機能しにくい仕組みだといえます（図表11(a)）。

　福祉施設のリスクマネジメントは、現場からの改善提案などを重視するサービスの質の向上の取り組みです。その取り組みを実質的に機能させようとする場合、職員一人ひとりのサービスの質の向上への意識や、サービス改善に向けた主体的な行動が要となります。具体的には、職員が発言しやすい職場環境をつくり、出されたアイデアをサービスの質の向上に反映させるなどです。前述のトップダウンの組織内コミュニケーションに対し、ボトムアップの組織内コミュニケーションが重要であるといえます。ボト

ムアップの組織内コミュニケーションを有効に機能させるためには、職員が自ら主体的に意見を述べ、自らの創意工夫によりサービスの質を改善していく姿勢を尊重することが重要です（**図表11(b)**）。

　リスクマネジメント体制を構築する上で、事故発生時など速やかで確実な対応が求められるときはトップダウン型、再発防止策の検討など改善に向けた取り組みを行う際にはボトムアップ型の組織内コミュニケーションといったように、二つのコミュニケーションスタイルを、取り組む内容により使い分けることもリスクマネジメントの観点からは重要といえます。

③決められたことは守るという組織風土

　医療安全分野において、医療事故の分析結果から、医療行為に関連した事故は「してはならないことをした事故」が多いこと、逆に医療行為に関連しない事故は「すべきことをしなかった事故」が多いといったことが示されています[8]。事故は複雑な手順よりも簡単な手順で多く発生している

図表11　組織内のコミュニケーションスタイル

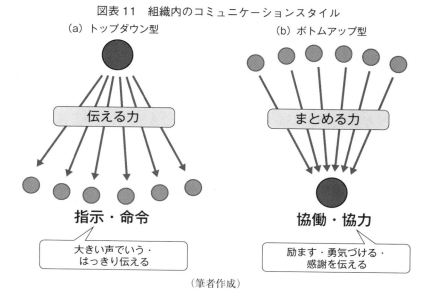

（a）トップダウン型　　　　　　　　（b）ボトムアップ型

（筆者作成）

ともいわれています。決められたことを決められたとおりに行う、決められたことを変えたい場合は、個人判断ではなく、組織の合意のもとに変更するといった共通認識が、サービス提供にかかわる事故の防止には重要です。そのために必要なことは次のとおりです。

（ア）ルール・標準を決める

（イ）ルール・標準を守ることができる仕組みや風土をつくる

（ウ）仕組みを守ることのできる職員を評価する

（エ）標準が当てはまらない場面は、組織の理念に基づき主体的に判断することを評価する

　どんなに慣れたことや簡単と思えることでも、いったん決められたことは手順を飛ばすことなく、必ず行うといった教育実践や組織風土を構築することが、事故を未然に防ぐ上では極めて重要です。それに加え、誤りに気づいたときに互いに指摘し合える文化を組織的に構築することも重要です。航空機業界（後述）や、医療安全分野でのTeam STEPPS（医療事故をシステムの欠陥としてとらえるアメリカの医療安全プログラム／Team Strategies and Tools to Enhance Performance and Patient Safety〔医療のパフォーマンスと患者安全を高めるためにチームで取り組む戦略と方法〕）の取り組みなど、他分野での参考となる取り組みがあります。

④地域に開かれた施設環境づくり

　戦後の福祉施策は、1947（昭和22）年公布の児童福祉法をはじめとして、身体障害者福祉法、生活保護法など種別ごとの福祉法のもと、法で規定した対象者を施設に入所させるという形で発展してきました。そのことは、短期的には支援等の必要な対象者の命や生活を救うことに寄与しました

が、地域から支援の必要な人々を施設に入所させることで、本来地域全体で取り組むことができた福祉課題の解決を、逆に施設に一任し、地域ではそのような人々を目にすることが少なくなり、相互に助け合い、関わり合うといった機会を失った歴史ともいえます。

　地域に開かれた施設づくりとは、これまで施設への入所といった形で解決してきた地域の福祉課題を、再び地域のなかで解決していこうという取り組みでもあるといえます。そのためには、地域住民が日常的に施設機能を利用できる設備やサービスの開発が必要となります。一方で、そのような施設開放の取り組みをすすめると、利用者と地域住民との間で、価値観などの違いによるトラブルが発生することもあります。この場合、そのトラブルを地域に開かれた取り組みのプロセスの一つとして前向きに認識することが求められます。反対派の急先鋒だった地域住民が、その後の福祉施設や福祉サービスに対する有力な理解者・応援者になったという例は、先駆的に地域に開かれた施設づくりを行ってきた法人の例からしばしば聞かれます。また、日常的に地域住民が出入りする施設では、職員以外の人々による自然な見守りがなされ、利用者の事故防止につながったという例も、少なくありません。

　施設職員だけで利用者の支援を行うという発想から、地域住民も利用者の支援を行う仲間という発想への転換と取り組みが、結果として福祉サービスを必要とする利用者の特性などの理解につながり、例えば障害特性を知らないことによって生じていた誤解や、誤った対応を未然に防ぐことにもなります。これらの理解は、非日常のイベントによるつながりだけでは生まれにくく、日常的な地域住民の施設の利用しやすさからはじまり、深まっていきます。

④ 体制構築のポイント

①リスクマネジメント８つのポイント

　リスクマネジメント「８つのポイント」（**図表 12**）は、福祉施設においてリスクマネジメントの具体的な取り組みをすすめるにあたり、前述の全国経営協のガイドラインにおいて、必要となる組織づくりや職員の意識改革について、基本的な視点を整理したものです。これら８つのポイントに示している視点を十分に醸成することで、リスクマネジメントの実務的な取り組みが効果的に実施できるという観点で取りまとめられています。経営者及び管理者は、リスクマネジメントの実施責任者として、この８つのポイントをリスクマネジャーや現場スタッフと共有し、次の②「リスクマネジメント委員会の開催と検討事項」に記載した委員会等を開催すると効果的です。

図表 12　福祉施設のリスクマネジメント８つのポイント
（平成 14 年３月　全国経営協）

（ア）一人の悩みから施設の工夫へ
（イ）トップのリードで盛り上げる
（ウ）みんなをまとめる組織づくり
（エ）マニュアルで基本を決める
（オ）「危険に気づく」がキーワード
（カ）起きてしまった事故は対策のカギ
（キ）記録でわかる施設の姿勢
（ク）利用者の声は施設の宝

出典：全国社会福祉法人経営者協議会「社会福祉法人・福祉施設におけるリスクマネジメントの基本的な視点＜ Ver.3 ＞」2021 年、23 頁を改変

（ア）一人の悩みから組織の工夫へ

　事故の要因分析や業務改善を行う際には、立場や専門分野の違うスタッフにより検討を行うことで、多面的に事実をとらえることができ、

より客観的、より優れた結果を生み出すことにつなげられます。担当者個人あるいは担当する部署のみで悩むのではなく、組織横断的に多くの仲間の協力を得ることができるようなチームづくりを行うなどの体制を整備しましょう。

（イ）トップのリードで盛り上げる

　理事長・施設長など組織全体を束ねる責任者がリスクマネジメントの目的や方針を明らかにし、それらが機能する体制整備を行います。例えば、事故はゼロにならないこと、事故は職員のエラーではなく仕組みのエラーとして生じるなどを明言し、それにふさわしい仕組みをつくるなどです。誰が何を担うのかなど役割や責任範囲を明らかにします。

（ウ）みんなをまとめる組織づくり

　体制整備の具体的な内容は、事故・ヒヤリハット報告の作成と周知、リスクマネジメント委員会の設置、リスクマネジャーの任命などです。リスクマネジメントは組織全体にかかわるサービスの改善の取り組みでもあるので、改善提案の出しやすいチームづくりを心掛けます。

（エ）マニュアルで「基本」を決める

　サービスの基本を決めます。基本を決めることで、サービスの水準を一定に保つことができ、事故や苦情が生じても基本があることで、見直す場所を特定することができます。基本はマニュアル（業務手順書）として整備します。マニュアルがあると、サービスの質の改善につなげることができるとともに、利用者・家族をはじめとする関係者に、提供したサービス内容について説明ができます。

（オ）「危険に気付く」がキーワード

　事故防止は危険に気づくことからはじまりますが、気づきの視点は、人それぞれです。危険と感じたことはヒヤリハット報告に記載し、サービスの質の改善や事故防止につなげるチームの財産としましょう。些細なことでも気づいたことを報告することが重要です。

（カ）起きてしまった事故は対策のカギ

　起きてしまった事故をもとに、どこにその要因があったのかを分析しましょう。要因分析を適切に行うことで、事故の再発防止につなげることができます。要因分析の結果に基づき、必要に応じマニュアルを見直しましょう。

（キ）記録でわかる施設の姿勢

　サービスは目に見えないため、記録がないとその実施の証明ができないばかりか、事故が起こった場合も記録がないと改善策や再発防止策に繋げることができません。提供したサービスは、記録を書き終えてはじめて終了となります。記録の要件と記録方法について、職員研修を通じて学べる場をつくりましょう。

（ク）利用者の声は施設の宝

　苦情は言ってもらえる関係性があって初めて把握できるものです。この施設にはいっても無駄だと思われると、直接苦情をうかがうことができないばかりか、サービスの質の向上にもつなげることができません。利用者や家族など関係者が苦情をいいやすい組織風土を醸成しましょう。

②リスクマネジメント委員会の開催と検討事項

　リスクマネジメント委員会での検討は、まずは、事故（ヒヤリハット報告）・苦情報告書に基づいて行われます。これらをもとに、事故や苦情が発生した要因について分析し、再発防止策などを講じます。事故要因分析手法としては、これまで様々な分析手法が各事業所の判断で選択され、実施されてきました。各事業所では事故要因分析に基づき再発防止策を講じ、組織の内外に対し明らかにする必要があります。主な分析手法については、第1部第3章「リスクマネジャーの役割と実践」で詳述します。

⑤　虐待・権利侵害防止の仕組みづくり

①虐待防止法制と福祉施設

　福祉施設の虐待事例などの権利侵害事件に関しては、昨今、社会の目が厳しく注がれていることに留意が必要です。虐待防止の取り組みは、法人の姿勢によるところが大きく、理事長等の経営トップの認識が厳しく問われます。

　2000（平成12）年の社会福祉法施行ののち、介護保険制度や支援費制度（現　障害者総合支援法）が導入されました。これにより、福祉サービス提供が措置制度から契約制度に移行され、利用者自らが福祉サービスを選択し、契約によって利用することとなり、利用者主体を基礎とする仕組みとなりました。しかしながら、福祉サービス利用者には、契約に際して事業者と対等な情報や交渉能力等が保持されていない者も多く、判断能力が不十分な場合もあることから、利用者を支える制度が必要とされました。

　虐待防止法制については、2000（平成12）年に「児童虐待の防止等に関する法律（児童虐待防止法）」が成立し、2001（平成13）年に「配偶者からの暴力の防止及び被害者の保護等に関する法律（DV防止法）」、2005（平成17）年に「高齢者虐待の防止、高齢者の養護者に対する支援等に関する法律（高齢者虐待防止法）」、2009（平成21）年に「障害者虐待の防止、障害者の養護者に対する支援等に関する法律（障害者虐待防止法）」が成立しています。

　高齢者虐待防止法及び障害者虐待防止法の特徴としては、被虐待者の保護や支援のみならず、福祉の法律であるという視点から、介護・世話の放棄・放任等の虐待者である養護者等の支援についても明記されています。例えば、高齢者虐待防止法第21条では、養介護施設従事者等による高齢者虐待にかかわる通報等が定められており、当該高齢者の生命又は身体に重大な危険が生じている場合は、速やかにこれを市町村に通報しなければ

ならないとされています。加えて、養介護施設従事者等による高齢者虐待を受けたと思われる高齢者を発見した者は、速やかにこれを市町村に通報するよう努めなければならない、とされています。つまり、施設や事業所内において、利用者に重大な危険が生じている場合のみならず、虐待を受けた疑いのある場合でも通報が求められているのです。

　なお、通報により職員が不利益な取り扱いを受けることのないよう、公益通報者保護法によって保護されます。具体的には、公益通報をしたことを理由として、事業者が労働者などを解雇した場合、その解雇は無効とされます。また、解雇以外の不利益な取り扱い（降格、減給、退職金の不支給等）も禁止されています。また、事業者は公益通報によって損害を受けたとして、公益通報者に対して損害賠償を請求することはできません。

　福祉サービスのリスクマネジメントの視点では、社会福祉法第3条の基本理念に鑑み、そもそも虐待・権利侵害が起こらない事業所運営とする必要があります。平田厚氏は、虐待・権利侵害の防止には、判断能力の不十分な本人の自己決定を支えるサブシステムである成年後見制度と日常生活自立支援事業は不可欠であること、利用者が自己決定するための情報を伝達するサブシステムである情報提供制度が必要であること、さらには、自己決定の主張を支えるサブシステムである苦情解決制度が機能しなければならないことを指摘しています[9]（**図表13**）。

　判断能力が不十分であっても、利用者一人ひとりが尊厳をもって生きていくため、生活上の重要な場面で支援する権利擁護の考え方、権利擁護のサブシステムについて、職員個々が知識として体得し実践につなげることで質の高い支援を行うことができます。

　利用者の立場や意見を擁護する仕組みである「苦情解決制度」は、社会福祉法第82条において、すべての社会福祉事業の経営者は、提供する福祉サービスについて、利用者等からの苦情の適切な解決に努めなければならないものとしています。この苦情解決の仕組みを通じて把握した内容は、

サービスの質にかかわる重要なリスクととらえ、迅速な対応と再発防止に向けた取り組みにいかすことが重要です。

図表 13　利用者の自己決定を支える仕組み

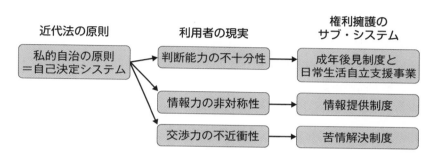

出典：平田厚「第3章第7節　社会福祉施設における権利擁護」宮田裕司編『社会福祉施設経営管理論 2023』全国社会福祉協議会、2023 年、223 頁

②身体拘束廃止とリスクマネジメント

　福祉施設における、身体拘束による人権侵害も問題視されています。介護保険施設等での身体拘束の廃止については、平成 11 年厚生省令第 39 号において、「緊急やむを得ない場合を除き、身体拘束その他入所者の行動を制限する行為を行ってはならない」ことが示されました。以後、各施設・事業所において、身体拘束の廃止に向けた取り組みがすすみました。2001（平成 13）年には、同じく厚生労働省より「身体拘束ゼロへの手引き」が作成・配布されました。身体拘束は緊急やむを得ない場合に該当する 3 要件（切迫性・非代替性・一時性）のすべてを満たし、かつ、要件の確認等の手続きが極めて慎重に実施されているケースに限るとされています。治療の場である医療現場と違い、生活の場である福祉施設では、福祉サービス利用者の尊厳の保持、及び人権擁護の観点から、身体拘束は原則禁止されている行為であることの認識が必要です。

③虐待防止のさらなる推進

　厚生労働省の調査結果によると、福祉施設等従事者による虐待の相談・通報件数と虐待判断件数は年々増加しており、虐待の発生要因としては、職員のストレスや感情コントロールに関するものよりも、教育・知識・技術に関するものが多くあげられています。こうした背景から、2021（令和3）年度の介護・障害福祉サービス等報酬改定において、虐待防止のさらなる推進が図られました。虐待発生またはその再発を防止するため、これまで努力義務であった取り組みを拡充し、委員会の開催、指針の整備、研修の実施、担当者を定めることが義務化されました。3年間の経過措置を設け、2024（令和6）年度から具体的な取り組みが求められています。それぞれの事業所では、主体的に虐待防止に向けた体制を構築するとともに、前述の、職員による虐待の発生要因で示されたとおり、職員に対する定期的な研修は必須であると考えられます。

　平成になり、児童・高齢者・障害者の虐待防止法制が相次いで制定されたことは前述のとおりです。これらの背景には、福祉施設における虐待や人権侵害を受けての、福祉施設に対する社会の関心の高まりもありました。

④全国社会福祉協議会・社会福祉施設協議会連絡会「虐待・権利侵害の根絶に向けた行動宣言」

　2022（令和4）年12月、静岡県内の社会福祉法人が経営する保育所における園児への虐待により、保育士3名が逮捕されました。この事案は、園長が虐待の隠ぺいを図ったこともあり、大きく報じられました。同時期には、他の社会福祉施設における虐待・権利侵害事案も相次いで報道され、社会福祉法人・福祉施設全体の取り組みに社会の注目が集まりました。

　こうした状況を受け、全社協の社会福祉法人・福祉施設関係13協議会による社会福祉施設協議会連絡会（以下、施設協連絡会という）は同月、「虐

待・権利侵害の根絶に向けた行動宣言〜さらなる人権尊重・尊厳保持の実現に向けて〜」（以下、行動宣言という）をとりまとめ、広く社会に発信しました。

　行動宣言では、虐待・権利侵害事案が相次ぐ現状を社会福祉法人・福祉施設全体に対する社会的信頼にかかわる事態と受け止め、施設・事業所が一丸となって虐待・権利侵害の根絶と利用者主体のさらなる福祉の増進に向けた取り組みをすすめることを示しました。

「虐待・権利侵害の根絶に向けた行動宣言〜さらなる人権尊重・尊厳保持の実現に向けて〜」

一、役員・管理者は、虐待・権利侵害の根絶に率先して取り組み、その姿勢を職員に示す

一、役職員は、互いに不適切なサービスが起こらないように確認しあい、より質の高い福祉サービスを提供する職場風土を築く

一、福祉従事者の倫理観・専門性のさらなる向上に取り組むとともに、役職員が責任と誇りをもって働くことができる職場づくりを進める

一、第三者評価の受審や苦情解決・第三者委員の設置など外部の人々が介入する仕組みを積極的に導入するとともに、ボランティアの参画など地域に開かれた施設・事業所運営を推進する

一、不適切なサービス等が発生した際に、迅速な行政への報告や利用者・家族への対応、改善・是正に向けた取り組みなど、迅速かつ適切に対応するための体制を構築する

　さらに、同連絡会は2023（令和5）年9月、虐待・権利侵害根絶取り組み事例紹介ウェブサイト「気づくことで、傷つけない未来へ」を制作、公開しています。このサイトは、虐待・権利侵害の根絶に向けた各種別施設の実践紹介や研修資料などを取り上げ、各施設における取り組みの参考とすることを目的としています。

6 権利擁護の仕組みづくり

①苦情解決制度

　社会福祉法第82条には、社会福祉事業の経営者による苦情解決の責務が規定されています。事故と苦情は表裏一体の関係にあります。福祉サービスを提供した結果、いわゆる「心に傷がつく」のが苦情で、「体に傷がつく」のが事故といえます。基本的な対応は同じです。福祉サービスの苦情には、次の2つが影響すると考えられます。第1に、いわゆる「福祉のお世話になっている」という思いから、「なかなかものが言えない」といった、福祉サービスを受けることに対する負い目のような感情によるものです。第2に、専門職の提供するサービスは、その内容がよくわからない（一般化されていない）のでなかなか意見が言えないといったものです。このことは、福祉以外の医師・教師・弁護士など専門職が提供するサービス全般にいえることでもあります。"苦情の解決"という言葉が示すとおり、苦情とはマイナスな意見や申し出といったイメージが常につきまといます。そこで、「苦情」を利用者からのサービスの改善につなげることのできるきっかけととらえ、その内容の程度に応じ、次のような3類型でとらえると、より対応しやすいといえます。

[苦情の3類型][10]

要　　望：契約に向けて検討をはじめる段階で、自らの要求を具体
　　　　　的に示すために発せられるもの

請　　求：契約締結後、要望したことの履行を求めるために発せら
　　　　　れるもの

責任追及：契約締結後、要望したことなどが履行されなかった場合
　　　　　などに発せられるもの

　この区分で考えると、要望が多いほうが、サービスをより顧客の希望する内容に近づけるのに寄与することがわかるのに加え、請求や責任追及は

少ないほうがよいことがわかります。"苦情"という言葉は、請求・責任追及レベルのことをさすイメージが一般的だと思われます。サービス業などで、"苦情受付窓口"との直接的な表現を用いずに、"お客様窓口"、あるいは"カスタマーセンター"といった名称で表現されている点は参考になります。"苦情"という言葉のもつイメージがネガティブなので、苦情受付と構えてしまうと、質問や要望などのサービスの質の向上につながる貴重な意見を聞き逃すおそれもあるかもしれません。

❼ ハラスメント対策

①ハラスメントをめぐる法令・情勢の概況

　ハラスメントによる職場環境の悪化や離職、職員の心理的な負担が増加することは、結果として福祉サービスの質の低下に影響を与えるものであり、大きなリスクといえます。ハラスメント対策も、リスクマネジメントの一環として位置づけ、適切な対応や体制づくりをすすめることが必要です。

　2020（令和2）年に「労働施策総合推進法（労働施策の総合的な推進並びに労働者の雇用の安定及び職業生活の充実等に関する法律）」が改正されたことにより、パワーハラスメントの定義が明確になり、事業主はパワーハラスメント防止のために、雇用管理上必要な措置を講じることが義務化されました。セクシャルハラスメント対策や妊娠・出産・育児休業等に関するハラスメント対策も合わせて講じることが求められており、あらゆるハラスメントを防止する視点で取り組むことが重要となります。パワーハラスメントは、立場や権力の優位性を利用した、主に社会的な地位の高い者による、自らの権力や立場を利用した不当な要求や嫌がらせ、苦痛を与える行為のこととされています。職場におけるパワーハラスメントとは、次の（ア）～（ウ）をすべて満たすものであり、客観的にみて、業務上必要かつ同等な範囲で行われる適正な業務指示や指導については該当

しないと定められています。

（ア）優越的な関係を背景にした言動
（イ）業務上必要かつ相当な範囲を超えた言動
（ウ）労働者の就業環境が害されるもの

　これらの定めからは、パワーハラスメントの概念はわかりにくく、特に業務における指導との線引きが難しいと考えられます。厚生労働省は、ⓐ身体的な攻撃、ⓑ精神的な攻撃、ⓒ人間関係からの切り離し、ⓓ過大な要求、ⓔ過小な要求、ⓕ個の侵害、といった6つの行為類型に分けて、パワーハラスメントに該当するか否かについて、ホームページに示しています[11]。職場におけるパワーハラスメントやセクシャルハラスメント、妊娠・出産・育児休業等に関するハラスメントを防止するための指針も示されています[12]。

　労働施策総合推進法などの関係法令などを正しく理解し、方針の明確化と周知・啓発・相談・対応の体制整備、また、これらに関連する規程を整備しながら、ハラスメントのない職場づくりをすすめることがリスクマネジメントの観点からも必要です。

②カスタマーハラスメントへの対応

　福祉施設や事業所で、福祉サービスの質の向上に努め、利用者や家族の意向や希望に沿った支援を行い、満足につなげることは社会福祉法第5条の規定にもあるとおり重要なことです。一方で、そのことは利用者や家族の過度な要求などすべてに応えることとは必ずしも一致しません。利用者や家族からの著しい迷惑行為や常軌を逸脱したと思われるクレーム、要求などは、カスタマーハラスメントとされます。

　カスタマーハラスメントの対応を職員個々が行うには限界があます。組織として対策を講じなければ、職場環境の悪化や離職につながることはも

とより、事業主としての安全配慮義務違反にもなりかねない点に留意が必要です。カスタマーハラスメントに対して、厚生労働省の対策マニュアルでは、ⓐ相談に応じ、適切に対応するために必要な体制の整備、ⓑ被害者への配慮のための取り組み、ⓒ他の事業主が雇用する労働者等からのパワーハラスメントや顧客等からの著しい迷惑行為による被害を防止するための取り組みなどを、組織として行うべきだと示しています。

③福祉現場におけるハラスメント対策

　例えば介護サービス利用者は、日常生活全般において、体力の低下や認知症などにより介護が必要な状態又は一部支援が必要な方です。様々な要因で、突発的な感情の高ぶりやストレスが生じ、結果として暴言や暴力に繋がってしまうことがあります。専門職として、このような言動に対しハラスメントという線引きはなかなかしづらく、福祉現場においてはやむを得ないものと考えられがちです。

　介護分野では、厚生労働省が「介護現場におけるハラスメント対策マニュアル」を示し、介護現場におけるハラスメントの定義が具体的になりました。介護現場における利用者や家族からのハラスメント対応についても示されており、事業者としての取り組みも求められています。

　2019（平成31）年「介護現場におけるハラスメントに関する調査研究報告書」によると、利用者やその家族からのハラスメントが理由で離職したいと思った職員は、全体の2〜4割。なかでも訪問介護事業所においては、実際に離職した職員が介護サービスのなかでは最多の1割以上いることが報告されています[13]。職員が我慢を強いられるようなことであれば、職員の離職のみならず、職員の大きなストレスから、当該利用者に対し、職員による虐待行為が発生してしまう事態も考えられます。こうした状況に対して、組織として責任をもって、職員の安全・安心を確保することを最優先として対応することが、リスクマネジメントの観点からも重要です。

目まぐるしく改正される労働関係法令を遵守するための仕組みや体制の構築と合わせ、ハラスメントの生じない、利用者も職員も追い込まれない生活及び職場環境を整えることが必要です。

⑧　災害・感染症への対応

①自然災害の大規模化・頻発化・コロナ禍の経験を通じて

　社会福祉法人・福祉施設では、利用者や職員の安全・安心を守るため、災害対策や感染症対策をすすめてきました。これはリスクマネジメントの実践としても重要な取り組みであることはいうまでもありません。近年、災害が頻発するなかでの備えに万全を期すとともに、新型コロナウイルス感染症の拡大による感染症対策の経験と対応策の蓄積を、今後とも福祉サービスの質の向上にいかしていくことが重要です。

　2021（令和3）年度の介護・障害福祉サービス等報酬改定においては、「感染症や災害への対応力強化」が図られました。感染症や災害が発生した場合であっても、利用者に必要なサービスが安定的・継続的に提供される体制の構築が求められています。全サービスについて、委員会の開催・指針の整備・事業継続に向けた計画（BCP）の策定・研修の実施・訓練の実施等が義務づけられるほか、非常災害対策が求められる事業者を対象に、訓練の実施にあたっては、地域住民の参加が得られるよう連携することが努力義務となりました。

②BCP の策定

　厚生労働省から「新型コロナウイルス感染症」及び「自然災害」に対応した業務継続計画ガイドライン並びに研修動画等の、策定支援ツールが示されています[14]。24時間365日、福祉サービスを休止することができない福祉施設には社会的使命があります。全国経営協及び全国社会福祉法人

経営青年会においては、クライシスマネジメントの視点により、被害を最小限に抑え、事業を継続・早期復旧するための、平常時からのBCM（事業継続マネジメント）の重要性を提唱してきました。近年発症した新型コロナウイルス感染症に対しても、感染予防対策のみでは不十分であることから、平常時から、万が一重篤な感染症による感染者が発生した場合、どのように対応することが必要かという視点からもBCMの有用性を発信し、2023（令和5）年に『福祉施設・事業所における事業継続計画（BCP）のポイント』[15] として取りまとめました。2023年度中に策定が義務化された福祉法人・施設のBCP策定に、厚労省のガイドラインと併せ、活用されることを望みます。

③DWATへの参画等による他法人・地域への支援

　全国経営協では、「災害支援基本方針」を策定しており、各都道府県における体制の構築・災害派遣福祉チーム（通称：DWAT）の組成など、中心的な役割を担うことを明文化しています。「アクションプラン2025」においても、事業継続マネジメントの実践は、必須あるいは努力すべきポイントになっています。

　保育分野では、2018（平成30）年4月の保育所保育指針改定における議論のなかで、「健康及び安全」の観点から、アレルギーを含む重大事故等を踏まえた事故防止の取り組みや感染症対策、災害発生時の対応体制及び避難への対応、地域の関係機関との連携といった保育所における災害への備え等が新たに示されました（「幼保連携型認定こども園教育・保育要領」にも同様の記載あり）。また、環境整備や仕組みづくり等に加え、避難訓練をはじめとする安全教育を行うことで、子ども自らが健康や安全に関する知識を身につけることも求められています。福祉施設である保育所が、地域に開かれた社会資源として、社会的責任を果たしていくためにも、日頃の訓練とマニュアルの整備、必要な資源の確保、保護者や行政、地域住民や関係機

関と連携のもと、円滑な支援や協力を相互に展開するため、平時からの関係構築等に努めなければなりません。保育所は、保護者の協力のもとで家庭教育の補完、養護と教育を一体的に行い、子どもの育成を推進することが目的とされています。災害や感染症などにより休園となった場合、保育を必要とする家族の就労や生活へ支障を来すことが考えられることから、代替保育も含め保育の再開・事業継続に向けた BCP・BCM の取り組みが求められます。

　社会福祉法第1条には、福祉サービス提供の目的として、"利用者の利益の保護"と、"地域における社会福祉の推進"が規定されています。また、社会福祉法第4条には、地域福祉の推進が福祉サービスを提供する者の責務として規定されています。災害等の発生時は、福祉サービスを提供する法人間の連携はもとより、地域の様々な社会資源との連携も含めた支援活動が求められていることを理解し行動することが、リスクマネジメントの視点からも重要です。

3 リスクマネジャーの役割と実践

① 介護保険施設における安全対策担当者（リスクマネジャー）の設置

　2021（令和3）年度から、介護保険施設の運営基準において「安全対策担当者」を選任し、配置することが義務づけられたことは前述のとおりです。これは、介護事故の予防をより一層強化するための仕組みです。選任された安全対策担当者は、全国経営協等の外部研修を受け、施設内の安全対策の仕組みづくりや進行を中心となって担い、事故予防や再発防止策構築の中心となる役割を担います。具体的には、ⓐ事故発生防止の指針の整備、ⓑ事故が発生した場合の報告及び分析や改善策を職員に周知徹底させるための体制の整備、ⓒ定期的に委員会を開催して日頃の業務のなかで起こり得るヒヤリハットや介護事故の事例の共有、また設備やマニュアルの見直しと改善が示されています。

　職員に対し、研修の実施やリスクマネジメントに関する仕組みの周知などを行いながら、職場全体で安全対策に取り組んでいきます。リスクマネジャーは、組織全体のリスクマネジメントについて、経営管理者の関与のもと、リーダーシップを発揮します。

② リスクマネジャーの機能と役割

　リスクマネジャーには、あらかじめもち合わせておくことべき5つの機能と、リスクマネジャーとして働く際に必要な役割があります。

①リスクマネジャーの5つの機能

（ア）　情報管理機能

　　ヒヤリハット報告を中心に、潜在的なリスクから実際に発生した事

故まで、施設内に存在するリスク情報を収集・分析し、安全対策を検討する機能です。これは、リスクマネジャーが収集・分析・安全対策を一人で行うということではなく、リスク情報を重要度に着目して分類したり、適切な分析手法の選択や安全対策の原案を作成するといった、施設全体でリスクマネジメントに取り組む際の基本情報を管理する機能です。

（イ）　コンサルティング機能

　福祉施設でリスクマネジメントの取り組みをすすめるにあたり、リスクマネジメント委員会等において、全体的な検討を行うことに加え、各部門ごとに事故予防策やマニュアルの見直し等に向けた検討を行うことも重要です。その際、部門ごとの検討では、情報や視点が不足していたり、問題の全体像を把握することが困難な場合も少なくありません。リスクマネジャーは、俯瞰的な視点に立ち、不足している情報や視点を提供したり、部門におけるリスクマネジメント体制の構築や改善を支援します。

（ウ）　コーディネイト機能

　これまで述べてきたとおり、リスクマネジメントは、組織内の各部門や職種が協力・連携して組織全体で取り組む必要があります。その際、リスクマネジャーには、組織内の部門間あるいは職種間の連絡調整をすすめるコーディネーターの機能を果たすことが求められます。事故発生等の緊急時は、組織内外の対応を同時並行的にすすめる必要が生じます。リスクマネジャーは、その際に経営管理職層と現場職員との橋渡しの役割を果たすことも重要です。

（エ）　アドバイザリー機能

　事故等が発生した際には、迅速で的確な組織の意思決定を行うことが重要です。発生した事故への対応や、利用者・家族等からのクレームについて、時機を逸した不適切な意思決定は解決を困難にするばか

りか、関係修復が不可能となる事態すら招きかねません。施設長や部門の責任者などが速やかな意思決定を行う際に、事実に基づく判断材料を、リスクマネジャーから適時・適格に提供することが重要です。

（オ）　フィードバック機能

　　リスクマネジャーは、前述の4つの機能をもつことから、リスクマネジメントに関する情報が集中するとともに、組織全体を把握することが可能となります。このような特性を有効に活用し、リスク情報や安全対策等を職員全体にフィードバックし、一職員、一部門が経験した事例について、組織全体あるいは職員相互での情報共有化を図ることが重要です。

　このように、リスクマネジャーには多角的な視点に基づく機能が求められています。これらの機能を十分に発揮していくためには、経営管理者はリスクマネジャーに対して、専門的な教育・訓練の機会を確保するとともに、必要な権限を与えることを忘れてはなりません。

②リスクマネジャーに求められる役割

　リスクマネジメントの取り組みは、これまで繰り返し述べているとおり、サービスの質の改善に向けた取り組みです。質の改善に向けた取り組みは、通常業務に対するプラスアルファの取り組みともいえます。

　一般に、人は変化することに対し、ストレスや不安を感じやすい特性をもっています。プラスアルファの取り組み、つまり今日しなくてもよいことをあえて行うということは、裏を返せば、主体性が求められる取り組みでもあります。

　リスクマネジャーには、まずは自分自身が変化することへの適応力を身につけることが重要であるだけではなく、今日しなくてもよい取り組みを、なぜ今しなくてはならないかを組織内に真摯に語りかけ、共感を得て協力を取り付けることができる力量を併せもつことが求められます。

　リスクマネジャーには、指針の整備に加え、事故の事実の報告と事故の分析のための体制整備、事故防止のための委員会開催及び研修の実施が求められていることは、前述の平成11年厚生省令第39号に示されているとおりです。これらに取り組むためには、最低限以下のツール類の作成や運用のための技法の習得が必要です。

```
（ア）　アセスメントシート
（イ）　業務手順書
（ウ）　記録
（エ）　事故要因分析
```

　これらツール類や技法については、次項以下で解説します。

3　サービスの可視化

①業務の標準化

　標準とは、「判断のよりどころや行動の目安となるもの」であり、標準化とは「標準を確立する過程であり、標準を活用できるようにする取り組み」であるといえます。良質な福祉サービス（均質で、ばらつきのないサービス）を組織として提供し続けていくためには、そこで働く職員一人ひとりの能力や属人的な手法に頼っていたのでは限界があります。高い技術をもつ職員がいたとしても、チームとして、組織として、良質なサービスが提供されるとは限らないからです。

　高い技術をもつ職員の技術を可視化（見える化）し、職場全体で、すべての職員が、その技術を共有化することが必要です。そのためには業務手順書（マニュアル）を作成することが効果的です。福祉サービスの質の向上を図るためには、組織としてサービス提供の方法を標準化し、継続的に

その標準を見直すことで、さらにサービスの質を向上していく取り組みが求められます。標準化については、「画一化」のイメージをもたれやすく、福祉サービス分野では否定的な意見も少なくありません。いわゆる「個別ケア」は、標準化・マニュアル化と対立的にとらえられ、人は個別的な存在であり、人に対するケアサービスを標準化することは不可能だとする考え方です。

　福祉サービスは、一人ひとりの利用者の個別性に配慮して提供されなければならず、そのために個々の利用者に必要な個別的配慮を書き加えた個別的支援計画（ケアプラン・個別支援計画・指導計画等。以下「個別的支援計画」）などが作成されます。この計画書は、どの職員がその利用者の支援を行ったとしても、同じ配慮ができるようにするための一つの標準といえます。

　つまり、標準化とはサービス提供者側が、利用者一人ひとりに配慮した「現状考えられる最善の手順・方法」でサービスが提供できるよう、仕事のばらつきをなくそうとするものです。業務の標準があることで、新人職員であっても、必要最低限のことを誰でも同じく確実に実施できることになります。

　それに加え、リスクマネジメントの観点からは、事故等の不具合があったときに、それを誰かの失敗としてとらえるのではなく業務手順書の不具合としてとらえることができ、個人の責任追及とすることなく業務手順書をもとに業務手順を見直すことが可能となります。つまり、業務の標準化は、福祉サービス利用者の安全と安心につながるだけではなく、職員にとっての安全と安心にもつながるのです。一方で、サービスの利用契約は、職員個人としてではなく、事業所と利用者が交わしていることにも留意が必要です。このことからも、事業所の職員ごとにサービス提供手順に違いがあれば、サービス利用契約に反することにもなります。

②標準化したサービスの管理

標準化したサービスの管理は、SDCA サイクル（S［Standard 標準］⇒D［Do 実施］⇒C［Check 確認・評価］⇒A［Act 処置・見直し］のサイクル、**図表 14**）により行います。

Sとはスタンダード、つまり、業務手順書のことをさします。Sに示した標準どおりのサービス提供や業務遂行ができなかったときは、その原因を究明し、必要に応じて標準を見直します。このことは、サービスの質を維持（サービスの質を保証）する活動となります。

サービスの質を向上させるためには業務改善活動が必要であり、PDCA サイクル（P［Plan 計画］⇒D［Do 実施］⇒C［Check 確認・評価］⇒A［Act 処置・見直し］のサイクル、**図表 15**）によりそれを行います。Plan とは、SDCA サイクルのもとになるスタンダード「S」を改善する活動のことをさします。つまり、サービスの質の向上をめざす取り組みのことをさします。最後の Act では、Check の結果から、最初のプランの内容を継続（定着）・修正などして、次回のプランに結びつけます。このプロセスを繰り返すことによって、サービスの質の向上を継続的に図ることができます。

SDCA サイクルと PDCA サイクルは、標準化したサービスの維持管理と改善管理を推進する上で両輪となるものです。

図表 14　SDCA サイクル

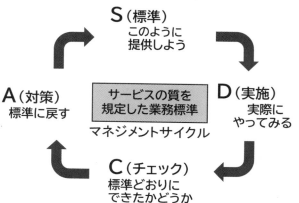

SDCA →スタンダードを決め・実施する
決められた手順どおり実施する
通常業務→決められたどおり実施するとその日の業務が終わる

（筆者作成）

図表 15　PDCA サイクル

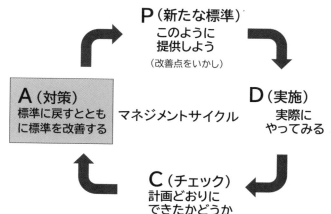

PDCA →スタンダードを改善する
改善の業務は通常業務プラスアルファの業務
してもしなくてもその日の業務は終えられる
主体的に改善する（プラスアルファの仕事をする）という意識が必要

（筆者作成）

4　リスクマネジメントの PDCA サイクル

　組織で取り組むリスクマネジメントは、PDCA サイクルに当てはめると、次のようなサイクルとなります。

（ア）　リスクマネジメント方針の策定

　PDCA サイクルを用いて業務管理を行うにあたり、管理者がリスクマネジメント体制の整備・構築に関与していることを、管理者が施設の方針として明確にします。

（イ）　リスクマネジメントに関する計画策定（P）

　発生する可能性のあるリスクを洗い出し、分析したのちに、対応策を決定します。

（ウ）　リスクマネジメントの実施（D）

　リスクマネジメントに関する計画に沿って対策を実施します。

（エ）　リスクマネジメントパフォーマンスの評価・リスクマネジメントシステムの有効性の評価（C）

　リスクマネジメントシステムがうまく機能しているかどうか、リスクマネジメントシステムがリスクマネジメントの目的などに照らし合わせて有効かどうかを評価します。必要に応じてリスクマネジメントシステムに関する是正と改善を実施します。

（オ）　組織の管理者による見直し（A）

　管理者が、システムの見直しを実施します。

　そして、再び Plan（計画策定）に戻って継続的に PDCA サイクルを回していきます。

5　記録類の整備と記述方法

①リスクマネジメントに必要な記録類

（ア）　事故報告書

　事故報告書は、事故発生後の要因分析を行う際に必要となるばかりでなく、のちに訴訟などに至った場合に事故の状況や自施設の対応を示す証拠書類となります。事故報告書には、発生した事故の日時、場所、状況、発生直後にとった処置及びその後の処置などを時系列に記述する必要があります。事故報告書を作成する場合、"事実"のみの記載にとどめ、事故要因は、リスクマネジメント委員会などで分析を行ったのちに、委員会の判断として記述することが望ましいです。危険予知訓練などで明らかなように、人の判断は人それぞれの経験則によって異なることがあります。できるかぎり客観的な判断を下すためには、複数の人による判断のすり合わせを行い、合意により決定することがリスクマネジメントの観点からは重要となります。

　また、ここでいう"事実"とは、いわゆる"ウソ"の反対概念としての事実ではなく、判断の基となる事実です。例えば、あるイベントに「多くの人が参加した」と記述した場合は判断の記述であり、「○人が参加した」と具体的に数値で記述した場合は事実の記述となります。このように、事実とは、多くは数値などで表現され、後から客観的に検証可能な記述のことをさします。

　これら、記録に要件や記述方法のルールがある理由は、記録が自分以外の誰かに事実や概念を正しく伝えるためのツールだからです。個人の覚えとして記述する日記やメモとはその目的が違います。

（イ）　サービス提供に関する記録類

　事故報告書はもとより、日常のサービス提供記録も事故の要因分析を行う際の重要書類となります。記録は単なるメモではなく、一定の要件

を備えた文書の一部です。

　記録には、原則複写が認められていない（原本性）、書き換えを行う際には一定のルールのもとに行う（真正性）などの要件があります。記述方法に関しても、ワンセンテンスに記述できるのは、原則二つ以内であることや、接続詞をできる限り少なくするなどのルールがあります。

　記述内容に関しては、ここでも事実を書くことが基本となります。

6　利用者アセスメント

①アセスメントと個別的な支援計画の作成

　アセスメントとは、利用者の全体像が把握できるように情報収集し、それらを統合して分析した上で、課題やニーズを抽出するまでをいいます。ここで言う情報とは、ADL（日常生活動作）や、IADL（手段的日常生活動作）、発達状況だけではなく、健康に関すること・生き方や価値観・日々の行動や嗜好・家族や保護者との信頼関係など、様々なことが含まれます。福祉サービスにおけるアセスメントとは、情報収集までをさしている場合もありますが、本来は前述のように課題やニーズを導き出すところまでをその範囲とします。

　アセスメントは、その利用者にとってふさわしい状態や生活をめざすために行うものであり、利用者が望み、かつその利用者の状況に合った最適な支援をするためのケアプラン・個別支援計画・指導計画等を適切に作成できるようにするためのものです。アセスメントと計画は連動したもので、アセスメントをもとに計画を作成し、実施、評価するといった流れを繰り返すのが、福祉サービスにおける支援過程の展開といわれるものです。

　個別的支援計画は、一人ひとりの利用者のニーズや課題を明らかにし、目標を決めて個々の利用者にどのような支援や関わりをするのかを決めるもので、その利用者に対する支援を誰が行っても同じように実施できるためにも必要なものです。職員ごとに支援の方法が違っては、利用者も混乱

しますし、計画の目標も達成できないことにつながります。

②アセスメントと事故予防

　事故を防止することや、発生したとしても被害を最小限にとどめるためには、アセスメントや利用者の特性・ニーズに即した計画が重要です。その利用者がどんな状態で、どのような危険があるかを把握し、計画を立てておくことで、事故の防止につながります。ただし、アセスメントや計画は現在の心身の状況や環境を改善し、生活全体の質をよくするという目的ですので、危険なことがないようにという視点だけではなく、できることは何かなど、潜在的な能力を発見しようとする視点も重要です。

　社会福祉法はもとより、介護保険法や障害者総合支援法で求められているのは、「自立」や「尊厳のある生活」です。児童福祉法では、子どもの「心身の健やかな成長や発達」及び「自立」をめざすと規定されています。それらに配慮した個別的支援計画の立案をするためには、社会福祉法第3条に規定する福祉サービスの基本理念に沿った視点をふまえなければなりません。

　事故予防という視点からのみのアセスメントでは、本来の利用者の全体像をとらえることができません。本来の支援目標の達成につながらないばかりか、利用者のQOLの向上や、成長・発達が図れなくなる場合も考えられます。その利用者の心身の全体を総合的にとらえ、どうしたら本人のニーズに叶う生活ができるかを検討し、その利用者にとってふさわしい状態や生活の実現をめざさなければなりません。そのためには、できることは何かをまず把握した上で、できないことに対しどのようにはたらきかけるかを検討する必要があります。

　これは、ICIDH（国際障害分類）からICF（国際生活機能分類）への見直し、すなわち、障害を、できないことに着目してとらえることから、できることに着目するようになったことにも通じるものです。

　福祉サービスにおける事故の発生要因では、職員によるサービスのばらつ

き（サービスのばらつき）」が多くあげられています。個別的支援計画を作成するにあたり、より具体的に一人ひとりの身体状況に応じた内容（サービスの個別化）を、いかにスタッフ間で共有して同じサービスが提供できるようにするかということも、リスクマネジメントの観点から重要です。そのためにも、アセスメントは重要なツールなのです。

③評価・再アセスメント

　ケアプランや個別的支援計画を定期的に見直すことがルール化されているように、提供している支援が適切かを定期的に評価するためにも、身体状況や生活の変化などを見逃さないよう、アセスメントを繰り返し、計画を作り直していく必要があります。

　福祉サービスでの事故要因分析は、大きく「本人要因」「職員要因」「環境要因」の三つの視点から行います（この「三要因に基づく分析」については後述します）。転倒や転落等の本人要因に起因する事故は、利用者の転落のリスクに焦点をあてた個別のアセスメントを行い、利用者の危険要因を可視化することで、転倒のリスクを減らしつつ、利用者の意向に沿ったサービスの提供を実現し、その発生を減らすことができます。仮に、利用者本人が有している転倒などにつながるリスクがあって、家族や保護者が危険回避のために身体拘束や行動制限を希望したとしても、それ以外の方法でサービス提供が可能であれば、尊厳を支えるケア、成長や発達を促すかかわりの実践につなげることができ、家族等も施設側の意向に同意されるであろうと思われます。また事故の未然防止には、利用者本人をどれだけ詳しく把握できるかということも問われます。アセスメントシート（図表16）を活用することで、職員間はもとより家族等とも危険要因を共有することができ、生活全体の質を高めるサービスの提供ならびに、危険への気づきを高めることにもつなげられます。

図表16　転倒・転落アセスメントシート

| 利用サービス | □ 特別養護老人ホーム入所 | 入所利用開始日 | 令和　　年　　月　　日 |
| | □ 短期入所生活介護事業所 | 要介護度 | 要支援・1・2・3・4・5 |

| 氏名 | | 男・女 | 生年月日 | M・T・S　年　月　日 | 歳 |

・該当する項目に〇をつけて下さい。（評価スコアに）

分類	特　徴	配点	評価年月日 /	/	/
認知症状	□ 認知症状はみられない	1			
	□ 認知症状が多少みられる	3			
	□ 認知症状がかなりみられる（寝たきりの方はノーチェック）	4			
	□ レビー小体型認知症である。	5			
周辺症状 行動・心理症状	□ 判断力・理解力・記憶力の低下がみられる	4			
	□ 目的もなく動き回る（徘徊やベッド上などで多動）	2			
	□ 夜間の不眠や不穏があるため、昼夜逆転しがちである	4			
	□ 不穏・興奮等がある	3			
	□ 幻視・幻聴がある	1			
	□ せん妄状態である	4			
	□ 物を取られたなどの被害的になることがあり、探し回る	3			
	□ 能力の過信や危険性の認識ができない	4			
	□ 他人のいうことを受け入れない	1			
	□ 周りに左右されやすい	1			
	□ コールを押さないで行動しがちである	4			
	□ コールを認識できない・理解できない（寝たきりの方はノーチェック）	3			
	□ 何事も自分でやろうとする	3			
	□ 環境の変化に慣れていない、慣れにくい	1			
既往歴	□ 過去に転倒・転落したことがある（寝たきりの方はノーチェック）	5			
	□ 脳原生・神経原生に疾患がある（寝たきりの方はノーチェック）	4			
感覚	□ 視力障害がある（寝たきりの方はノーチェック）	1			
	□ 聴力障害がある（寝たきりの方はノーチェック）	1			
運動機能	□ 足腰及び下肢の筋力低下がある（寝たきりの方はノーチェック）	5			
	□ 上・下肢に痛みやしびれ感がある（寝たきりの方はノーチェック）	2			
	□ 麻痺がみられる（寝たきりの方はノーチェック）	2			
	□ 骨・関節異常がある（拘縮・変形）（寝たきりの方はノーチェック）	3			
活動領域	□ 歩行時、前傾姿勢、ふらつきや傾きやこきざみ歩行、歩行時つまづきがある	4			
	□ 背もたれがあっても端座位及び座位がとれない	1			
	□ 歩行に杖や歩行器が必要である	1			
	□ 常に車椅子を使用しており、立位や立ち上がりは、一人で行う	2			
	□ 車椅子移動しているが、移乗は自分で行う	2			
薬剤	□ 睡眠安定剤、精神安定剤、抗不安薬、抗てんかん薬等を服用している	3			
	□ 利尿剤、降圧剤を使用している	3			
	□ 下剤を使用している	1			
排泄状況	□ 尿・便失禁がある（寝たきりの方はノーチェック）	2			
	□ 頻尿である（寝たきりの方はノーチェック）	2			
	□ ポータブルトイレを使用している	2			
	□ 排泄に介助（トイレ誘導等）が必要である（寝たきりの方はノーチェック）	3			

《危険度と評価スコアの合計》			合計			
危険度Ⅰ	20点～30点	転倒・転落を起こす可能性がある。	危険度			
危険度Ⅱ	31点～49点	転倒・転落を起こしやすい。				
危険度Ⅲ	50点～100点	転倒・転落をよく起こす。				

出典：全国社会福祉法人経営者協議会「社会福祉法人・福祉施設におけるリスクマネジメントの基本的な視点＜Ver.3＞2021年、32頁

7　ICT の活用

①サービスの質向上と ICT 活用による間接業務の効率化

　現在、福祉現場で活用されている代表的な ICT には、タブレットを利用した情報共有システム、タブレットやスマートフォンを介した記録作成、インカム等による職員間のコミュニケーション、見守りシステム等があります。ICT の導入で、業務の効率化、スムーズな情報共有・連携、データ活用による介護サービスの質の向上、業務負担の軽減などが図れることにより、記録や個別的支援計画などの文書作成時間の短縮、夜間帯の見守りが強化されることによる職員の負担軽減等を図ることができ、施設全体での労働生産性向上にもつなげられるメリットがあります。

②ICT 導入によるリスクをふまえた運用

　一方、ICT の導入においては、デメリットについても考慮する必要があります（図表 17）。

　インターネット環境を整えたり、必要機器を購入したりするなどの初期負担コストとランニングコストがかかり、大きな設備投資を行うとなると、経営を圧迫することにもつながりかねません。また、職員全体が ICT を使いこなす

図表 17　ICT 化のメリット・デメリット

メリット	デメリット
①業務の効率化	①導入コストがかかる
②円滑な情報の共有・連携	②慣れるまで時間がかかる
③蓄積データの活用によるサービスの質の向上	③個人情報漏洩のリスク
④職員の精神的負担の軽減	④機器・ツールへの依存
⑤時間の有効活用	⑤想像力の低下

出典：全国社会福祉法人経営者協議会「社会福祉法人・福祉施設におけるリスクマネジメントの基本的な視点＜ Ver.3 ＞」2021 年

ことが難しい場合もあったり、操作に慣れるまで時間がかかり、短期的にかえって業務負担が増すことなどもあります。情報の共有や、やり取りが容易になることで、紙ベースの記録よりも簡単に個人情報が漏洩してしまうリスクもあり、個人情報保護という観点からも確実な漏洩対策が必要となってきます。ほかにも、見守りシステムなどの機器やツールに頼りすぎてしまうことで、定期的な巡回や見守りを怠ってしまったり、実際の状態やようすを確認することなく、記録やデータだけを見て、アセスメントしてしまう可能性もあります。

　ICTを活用しながら、利用者の個別性をより客観的に観察し、従来よりもしっかりとしたアセスメントをすることで、これまで見えなかった問題点が見えるようになり、リスク回避につながっていくのです。

⑧ 未然防止・再発防止に向けた職員教育

①危険予知訓練（KYT）

　危険に気づくことは、リスクマネジメントに取り組む上で重要なポイントです。一方で、気づきの視点は職員個々によって違います。職員によって違う気づきの視点を互いに出し合い、危険に対する認識を共有化した上で安全対策にいかすための取り組みが、危険予知訓練（KYT）です。

　福祉サービスの危険予知訓練とは、もとは1974（昭和49）年に住友金属工業（株）で開発され、広く産業界で浸透・定着してきた危険予知訓練をベースに、福祉サービス版として新たに作成し導入されたものです（図表18）。この危険予知訓練は、医療の安全管理責任者養成課程でも導入されており、次に説明する５Ｓ活動と併せて実施されています。５Ｓ活動と併せて実施することで、従来の、危険を簡単に指摘できる“スキ”のある状態ではなく、見たところ整った場面を用いた訓練となり、よりレベルの高い訓練が実施できるとされています。

図表18　どこに危険が潜んでいるか［一例］

出典：インターリスク総研『福祉施設の危険予知訓練』筒井書房、2003 年、40 頁

② 5 S 活動

　5 S 活動とは、組織体におけるモノや情報及び人を対象に、整理・整頓・清掃・清潔・しつけを、全員参加で徹底する活動で、業務の効率向上、ミス・事故防止、スペースの有効活用などを実現するための基盤整備を目的としたものと定義されています。

　医療分野での 5 S 活動は、医療安全の分野では前述の危険予知訓練と併せて実施されていますが、整理・整頓・清潔等を意識することが、結果として現在の新型コロナウイルス感染症対策を含む感染予防につながることを重視しています。5 S 活動を通じ、管理監督者のマネジメント力の向上と組織の活性化にもつなげることができます。

③緊急時対応訓練

　防災訓練では、火災や地震発生を想定した実地訓練を行いますが、人は一度でも経験したことがある事柄に対しては、その後に時間が経過して手順を思い出せなかったとしても、2度目に取り組むときは、比較的スムーズに手順をふむことができるといわれています。人は一度経験したことに関しては、全く経験したことがない場合より、失敗しにくいとされていることによります。その意味においては、緊急時の対応など、あらかじめその手順を一度でも訓練として一とおり実際にやってみた経験のあることが有効だといえます。さらに、ある一定の期間内に複数回同じこと（訓練）を実施することで、より速やかに正確に定めた手順に沿って対応できるともいわれています。

④ヒューマンエラーへの対策

　事故が起こらないように、どのような未然防止の対応策を講じたとしても、現場ではいつかまた事故が発生するといったことに直面します。福祉サービスは、利用者の主体的な行動を支援する生活の場であるがために、ヒューマンエラーは避けて通れないからです。電力産業や航空機業界、運輸業など、事故が発止すると直ちに大規模災害に発展する可能性が高い業界では、システムや環境の改善は当然のこととして、これまでヒューマンエラーに関する調査研究がさまざまな形で行われてきました。リスクマネジメントの観点からは、人は必ず間違いを起こすといった立場をとります。

　近年、事故防止策に関し、人の気づきに依拠せず、仕組みや構造自体を安全なものに変えるといった、システムや作業環境の改善に対する取り組みがすすんできました。エラープルーフ（人はミスを犯すという前提に立ち、製品やサービスの設計に人がミスをしようとしてもできないような仕組みを設けたり、工夫を行う取り組み）などはその例です。

　航空機業界では、航空機が離陸のために駐機場を離れる直前に、乗務員

や地上係員等が全員いったん手を止めて（ポーズポイント）、チェックリストをもとに手順の確認はもとより、"ど忘れ""勘違い"などのヒューマンエラーがないかを、互いの目によって確認し合うといった方法がとられています。

　医療分野では、患者取り違え手術事故を教訓に、麻酔導入前・皮膚切開前・患者の手術室退室前の場面ごとにチェックリストを作成し、事故が発生しないよう二重三重の対策が講じられています（例えば、「安全な手術のためのチェックリスト」WHO）。異なる職種間では、上下関係があると気軽に注意し合えないことが往々にして起こりがちです。その対策として、例えば何か作業をはじめるにあたり、関係者がいったん手を止めて一堂に会し、チェックリストをもとにするなどして、手順の確認等を行う場面をさすポーズポイントを設け、勘違いや気になることについて発言・指摘し合える場をつくる工夫もなされたりしています。また、Team STEPPS の手法のなかで、2 チャレンジルール（誤りに気づいた人は当事者に二度同様に注意を喚起することを仕組み化する）という手法も用いられています。

9　事故発生時・発生後の対応

①事故発生時の対応

（ア）速やかに

　事故発生時には、それ以上の被害の拡大防止、あるいは発生してしまった損害を最小限に抑えるための速やかな対応をとる必要があります。特に緊急事態発生時では、緊急通報を誰が行うのかなど具体的に明らかにしておくことが重要となります。そのためにも、日頃からの訓練がとても大切です。加えて、一刻を争う対応（呼吸停止・心停止など）に関する業務手順書をあらかじめ作成し、職員に対し、日頃から周知・訓練を

しておくことも、速やかな対応につながります。適切な業務手順書があることで、間違ったらどうしようという職員の不安を払拭できることも、速やかな対応を行う上では見逃せない効果です。

（イ）誠実に

　サービス提供中に事故が発生したときは、最大の利害関係者である家族に対して、迅速な情報伝達を要します。事実を正確に伝達すること、つまり、「説明責任」を果たすことが必要です。併せて、事後の対応等についても家族からの要望があった場合、どのような内容であっても対応しようと努めるのではなく、対応できることとできないことを明確に伝えることが誠実な対応として重要です。そのためにも、家族の自施設に対する期待値を日頃から知っておくことが重要です。

②記録の作成

　事故を後から検証する際、事故発生時の時系列での記録は大変重要となるだけに、そのための記録方法に関する教育も重要となります。

　ISO9001 では、文書を"writing　paper"、記録を"record"として明確に区分した上で、それぞれの取り扱い方法について定めています。例えば、日誌類は日付が変わって原則的に書き加えることがない状態のものを記録として、契約書等の文書は、双方の署名あるいは押印を行って、以降書き換えを原則行わない状態になったものを記録として取り扱います。記録の要件や記録方法については前述の第1部第3章第5節「記録類の整備と記述方法」のとおりです。

　速やかかつ誠実な対応を怠ると、すぐさま信用低下のリスクに直結します。

③対外的な対応

　事故発生時の対外的な対応についても、手順やルールを定めておくこと

が重要です。通常、組織では現場責任者や経営責任者などが役割を分担して状況説明などを行います。現場責任者は、事実の報告を行います。施設長等現場責任者は、事実の報告とともに、管理責任の範囲内での判断の表明をすることが求められます。なかでも最高責任者である理事長は事実の報告に加え、法人全体の管理責任内での判断の表明、ならびに過失責任の原則に基づき、再発防止を構築することに対する意思の表明が求められます。

④リスク要因特定

　医療・福祉分野は対人援助（ヒューマン）サービスであり、その場にいなければ事実を確認することが困難であることが多いことから、「事実に基づく記録」が重要な証拠となります。事実とは、前述のとおり、後から検証が可能な記述のことであり、多くは誰もが同様に認識できる客観的な数値などを併せて用いることが重要です。

　事故報告書は、起こった事故の責任追及のためのものではなく、再発を防止するための、「原因追求」であることに十分配慮しながら、5W2Hの視点、すなわち、いつ（When）・どこで（Where）・誰が（Who）・何を（What）・どのように（How）・なぜ（Why）・どれだけ（How much／How many）で起こったのか、事実をもとに記録し、組織として実施すべき対策を明らかにすることが重要となります。

⑩　事故の要因分析

①三要因に基づく分析

　発生した事故は、事故の要因となった事実を分析し、再発防止につなげなくてはなりません。もしも同じ要因による事故が続く場合には、とった対策が有効でない、あるいは機能していないことが考えらます。福祉施設

や事業所で用いられている分析手法には様々なものがありますが、大きくは、本人（利用者）・職員・環境の三つに区分できます。

（ア）　本人要因（利用者の行動が危険要因となるもの）

　個別の課題分析（アセスメント）を行い、危険要因を把握し個別の支援計画に反映させるといった再発防止策をとる。

（イ）　職員要因（職員の行動が危険要因となるもの）

　職員の知識や支援技術の習熟度・ルール遵守の状況を把握し、不足している場合は教育・研修を実施する。人間はエラーを起こすという前提で、属人的ではない"仕組み"による業務の標準化・訓練の実施を行う。

（ウ）　環境要因（本人や職員がかかわらない要因によるもの）

　設備や機器が原因となるものと、外部環境が要因となるものがある。管理責任者の関与により環境要因の因子となる事項を排除する。

②RCA（Root Case Analysis）分析

　インシデント・アクシデントの両方に有効な分析手法として、国際的にも標準化されつつある分析手法であるRCA分析があります。事故を個人の責任とせず、システムやプロセスの脆弱性を見出し、改善へ導くことができるといった点に特徴があります。分析時間が1時間程度、かつ、多くの関係者が参加して実施できることから実際の現場で受け入れられやすいといわれています。「なぜなぜ分析」とも呼ばれ、事故の事象をもとになぜそうした事象が生じたかを、「なぜ」「なぜ」を数回繰り返しながら掘り下げていき、根本原因を特定する手法です。前述の三要因のうち、職員要因の事故の分析に用いられるのが原則です。

　図表19には、配薬ミスを例として医療分析で用いられているトリガーリストの構成を参考にしたRCA分析のイメージを示してあります。

　システム　⇒　環境ファクター　⇒　ヒューマンファクターの順にな

図表19　RCA分析（配薬ミスの場合）

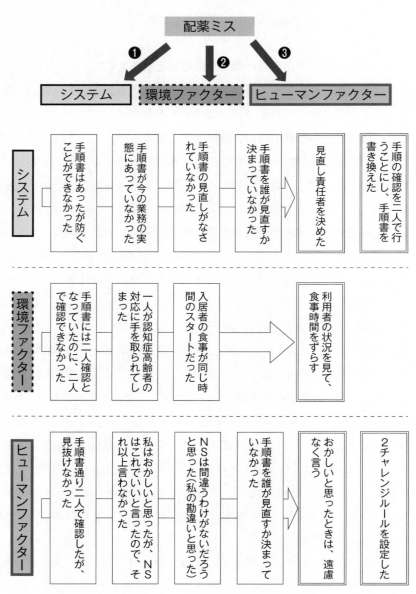

（筆者作成）

ぜ・なぜを掘り下げ、分析を行います。

　RCA 分析の結果をもとに、人間はエラーを起こすということを前提として、職員個人に懲罰的な対応をするのではなく、失敗した要因を組織として追求し、対策を講じ、改善していくという考え方を、組織内に浸透させることが重要となります。

③SHEL モデル

　事故の要因を、ⓐソフトウエア（S：Software）、ⓑハードウエア（H：Hardware）、ⓒ環境（E：Environment）、ⓓ人（L：Liveware）の四つの要素から分析して対策を検討する手法（**図表 20**）です。人（L：Liveware）を利用者と職員に分け、「SHELL モデル」と呼ぶ場合もあります。産業界では、多角的な要因分析ができ、代表的な事故事例分析の手法として普及してきました。福祉サービスにリスクマネジメントの概念が導入された当初、この産業界での取り組みを参考に、SHEL モデルを用いた事故要因分析が行われました。SHEL モデルを活用した分析の具体例は**図表 20** のとおりです。

図表 20　SHEL モデルによる分析例

事例：機械浴槽での入浴支援中、利用者がストレッチャーごと床に転落した

SHEL	要因	対策例
ソフトウェア： 職場の教育体制、 マニュアル	○入浴に関するマニュアルがない。 ○機械浴槽に関する説明書がない。 ○各利用者の入浴に関するアセスメント、ケアプランがない。	○入浴に関するマニュアルを作成する。 ○説明書をメーカーから取り寄せる。 ○アセスメントを行い、ケアプランを各利用者について作成する。
ハードウェア： 建物、設備	○安全ロック装置が二重になっていない。	○機器販売会社を通じてメーカーに検討を依頼する。 ○ストレッチャーを安全なものに替える。
環境： 生活環境、 労働環境	○機械入浴をいやがり、騒いでいる利用者がいた。 ○入浴する利用者が他にも大勢いた。	○入浴する利用者の人数や組み合わせを考える。 ○浴室全体を見渡す職員を配置する。
人： 職員の要因、 利用者の状態	○介護職員がストレッチャーの使用法に不慣れだった。 ○介助職員が騒いでいる他の利用者に気をとられていた。 ○介助職員が動転して応援の職員を呼ぶのに時間がかかり、救急装置が遅れた。	○安全性確保に着目した機器使用の研修実施を徹底する。 ○職員間で声をかけ合い、頼み合える雰囲気づくりに取り組む。

出典：全国社会福祉施設経営者協議会 編『全社協ブックレット・1　福祉施設におけるリスクマネジャーの実践』全国社会福祉協議会、2005年、32頁

11　リスクマネジメント体制の検証と見直し

①リスクマネジメント委員会における定期的な検証

　繰り返し述べているとおり、リスクマネジャーを中心に構成されるリスクマネジメント委員会では、組織で構築したリスクマネジメントシステムや、作成した各種ツール類などが正しく機能しているかを定期的に検証し、必要に応じ見直しを行わなければなりません。それに加え、これらシステムやツール類が有効に機能するように、職員に対してシステムやツールをもとにした教育と訓練を行い続ける必要があります。定期的なシステムの検証を行うにあたっては、委員会のメンバーが中心となり、内部監査を行

うことが効果的です。すでに ISO9001 の認証取得をしている事業所では、ISO9001 に内部監査の仕組みが内在されているので、それに従い実施するとよいでしょう。ツール類の見直しは、委員会に専門部会をつくるなどして、最新版の管理や表記の統一の確認などを行います。検証や見直しのタイミングは、担当者（責任者）が有効期限を明確にした上で、年間スケジュールに落とし込み計画的に実施する必要があります。システムやツールは、存在していることに意味があるのではなく、正しく活用でき、機能していることに意味があります。

②検証・見直しのポイント

（ア）　複雑にしない

　システムやツールを正しく活用し、機能させ、正しく使えるようにするためには、使用する職員の力量に沿ったものとする必要があります。例えば、いわゆる「抜け・漏れ」がないようにと、必要と思われる要素を網羅した複雑なシステムやツールをつくってしまうと、それらが職員の力量を上回っている場合、システムやツールは存在するけれども、職員はそれを使いこなせない状況に陥りがちです。

　このことは機械工学の分野では、人間の認知能力の限界として指摘されており、全国経営協のリスクマネジャー養成講座の基本的考え方としても強調している部分です。リスクマネジメント委員会では、常に職員の力量を考慮し、職員が活用できる範囲でシステムやツールをつくり、それらをもとにした教育や訓練を重ねることにより、徐々にそのレベルをあげていくことが重要としています。仕組みやツールはあるけれども、それを職員が使えないといった場合、事業所側に管理責任が生じ、過失責任を負う可能性があるという認識ももつ必要があります。

（イ）　全員参加で行う

　人には、自ら関与したことに対しては肯定的に受け止めようとする特

性があることが、心理学の分野では明らかにされています。職員がシステムやツールを実際に使えるようにするためには、職員の力量に合った複雑ではないシステムやツールを作成することに加え、作成段階で、関係者の参加を促すことが有効です。例えば、組織の事業計画など、本来業務を行う際にはその内容を確認しながら実施することが求められていますが、実際には職員は日頃意識して確認しているとはいい難いのではないかと思われます。年度の終了間際に、こんなことも事業計画に記載されていたといって慌てた経験は、よくあることだと思われます。事業計画作成にあたっては、職員が全員参加のワークショップ形式で行うことで、事業計画に関心をもつことができ、事業計画を自然と意識しながら仕事を行えるよう、工夫している事例があります。地方自治体において、住民に身近な地域福祉計画の策定の際に、地域住民の積極的な参加を促す「全員参加」の手法を取り入れているところもあります。組織が作成する様々な計画書類は、責任者や専門家が自らの業務として作成しようとするだけではなく、多くの関係者が参加できる仕組みを加えることで、より身近なものとして活用されます。

（ウ）　よいアイデアや成功事例を評価する

　事故や苦情対応は、通常業務と違った特別な業務であるとともに、それを行うことにより、さらなるサービスの質の改善につなげることのできるPDCAを回す業務であるといえます。PDCAの業務は、業務標準に基づき毎日の定型業務として実施するSDCAの業務とは違い、実施の先送りが可能な業務でもあることは先に述べたとおりです。加えて、利用者に対する日常の直接的なサービス提供にかかわる業務の裏方にあたる業務が多く、記録の作成や要因分析など地味で根気のいる業務でもあります。これらの業務を組織で定着させるためには、職員のモチベーションを保つことが重要となります。そのためには、経営トップがシステムやツールづくりに積極的に関与し、それに取り組む職員に対し、組

織への貢献を評価することが有効です。職場で5S活動の発表会を設け
る、成功事例を表彰する、ヒヤリハット報告を多くあげる職員の気づき
に感謝の気持ちを伝えるなどの取り組みをしている組織もあります。シ
ステムやツールを組織内で有効に活用できるようにするためにも、小さ
な成功体験や自己肯定感、有用感が得られる仕掛けが重要です。

» **4** **サービス管理とリスクマネジメント**

① サービスの質の保証からサービスの質の向上へ

　リスクマネジメントを行うにあたり、「サービスの質の向上」（Quality Improvement：QI）にどう取り組むかが、施設経営において重要な課題となることは第1部第1章で述べたとおりです。「サービスの質の向上」（QI）は、主に法的責任の有無や規制への適合について検討する「品質保証」（Quality Assurance：QA）に対する概念として発生してきました。アメリカの医療分野では、「行政指導にきちんと適合しているか、裁判で敗訴するようなことはしていないか」という観点から、当初「品質保証」に盛んに取り組んでいました。具体的には、医療機関のなかに品質保証の担当者を配置し、身体拘束禁止という行政の基準をきちんと守っているか、結核患者が出たら行政の基準どおりに対応しているか、レジオネラ（感染症を引き起こす細菌の一つ）についての基準を知っているか、ベッドからの移動に関する介助方法を知っているか等々、種々の基準について、それを下回る状況を排除するためにチェックするというのがその考え方でした。

　このような形での品質の最低基準・水準を維持させるための「品質保証」の取り組みは、スタッフに対して管理者から「こうあるべき」ということを指示・命令することとなり、それを実行しているかどうかを品質保証の担当者が見て回ってチェックするという、上意下達の方法でした。しかし、指摘されないためにはどうしたらよいか、規則はどうなっているか、判例はどうなっているかといった防御的な側面ばかりが強調されると、スタッフが萎縮する傾向が強く出るようになります。結果として、現場の創意工夫などが出なくなり、米国では品質保証の取り組みは成功しなかったとされています。

　このような経緯のもと、ポジティブな発想への切り替えをめざし、「よ

りよいサービス」を指向する積極的な発想として登場したのが、「サービスの質の向上」（QI：Quality Improvement）です。社会福祉法第24条に規定するサービスの質の向上とは、事前規制的な品質保証の概念を上回る、よりよいサービスをめざす主体的な取り組みのことといえます。

② サービスの定義と構成要素

①サービスの定義

　私たちが「サービス」という言葉を耳にするとき、日本人が得意とする"おもてなしの心"や笑顔での接客、あるいは無償で提供する商品など、いわゆる"お得なもの"としてのイメージが、まず頭に浮かぶかと思います。これら、おもてなしの心などの側面は、実はサービスそのものではなく、サービスの副次的要素ととらえるのが欧米では一般的とされており、サービスは、顧客が参加する価値の生産活動と認識されています。

　商学博士の近藤隆雄氏によると、サービスは「人や組織体に何らかの効用をもたらす活動で、そのものが市場で取引の対象となる活動」と定義されています[16]。近藤隆雄氏によると、サービスの構成要素は、コアサービスとサブサービスからなる定常業務サービスと、コンティンジェントサービス（臨機応変な対応）である特別業務サービスの二つに区分されています。福祉サービスの入浴介助業務に当てはめると、図表21のようになります。

　第1部第3章第3節「サービスの可視化」で述べた、業務手順書に表すことができる業務は、コアサービスとサブサービスを中心とした定常業務サービスで、コンティンジェントサービスを核とした特別業務サービスを業務手順書に表すことは困難です。

図表 21　サービスの構成要素（入浴介助を例として）

コアサービス
・入浴介助技術（移乗・洗身など）

サブサービス
・態度・施設
・浴室の照明・温度管理などの快適性
・衣類の選定・居室からの歩行支援

定常業務サービス

コンティンジェントサービス
・時間を変えてほしい
・ゆっくり入りたい
・事故発生時の対応

特別業務サービス

（筆者作成）

②リスクマネジメントとコンティンジェントサービス

　このように、コンティンジェントサービスは、不確実性への対応が主となります。製造業では不確実性は排除されるべきものですが、一方でサービス業は不確実性への適切な対応が顧客満足につながる質の高いサービスとなる可能性があります。つまり、福祉サービスにおけるサービスの質の向上への取り組みにおいても、この不確実性への適切かつ主体的な対応が重要といえます。

　現在のリスクの定義自体がこの不確実性であり、リスクマネジメントは意思決定とされていることを考えると、コンティンジェントサービスへの対応は、サービスの質の向上に資するリスクマネジメントの取り組みそのものということができます。

③サービスの質を担う福祉人材

　サービス業全体にもいえることですが、いかに不確実性へ対応できる人材を育成するかが重要となります。サービス管理の視点からは、人材育成のポイントは次の三つとなります。第一に、定常業務サービスを確実に実行できる知識と技術があること。第二に、顧客の真のニーズをくみ取る洞

察力があること。第三に、臨機応変な対応が可能となるように、責任と権限が付与されていることです。

　生活の場である福祉サービス提供現場では、不確実な出来事への対応が求められることが多いのはこれまで述べてきたとおりです。不確実な出来事への対応は、業務手順書で表すことのできる範囲を超えた、福祉サービス特有の個別性の高い対応ともなります。定常業務サービスを確実に実施し、その上でコンティンジェントサービスとなる特別業務サービスを適切に実施することが、福祉サービスの質の向上につなげることのできるリスクマネジメントの視点といえます。それを確実なものとするためには、福祉サービス提供組織における組織風土やひいては、組織哲学が重要となるのです。

第2部

体制整備の視点と
リスクマネジャーの役割（てい談）

　これまで、全国経営協がリスクマネジメントの取り組みや
リスクマネジャーの養成を実施してきた20余年を振り返る。
何をきっかけにして福祉現場におけるリスクマネジメントへ
の対応の必要性が出現したのか。取り組み当初の目的・狙いと、
その後の社会情勢の変化や法・制度からの要請もあいまって
の変化なども俯瞰して振り返り、達成できたことや現在も閑
散になっていること、さらにはこの先に法人経営者・管理者
が取り組むべき事項・心構えにもふれる。

体制整備の視点と
リスクマネジャーの役割（てい談）

弁護士・一橋大学法科大学院　客員教授　　児玉　安司 氏
弁護士・明治大学法科大学院　教授　　　　平田　厚 氏
全国経営協　リスクマネジャー養成講座検討会　委員　村岡　裕 氏

福祉現場でのリスクマネジメントのはじまり

村岡　本日は 2000（平成 12）年からスタートした全国社会福祉法人経営者協議会（以下、全国経営協）による「福祉施設におけるリスクマネジメントのあり方に関する検討委員会」にご参画いただいております児玉安司先生と平田厚先生をお招きし、リスクマネジメントの体制整備に関するポイントやリスクマネジャーが担う役割、取り組み当初の思いなどについてお話をお聞きしたいと思います。

　全国経営協においてリスクマネジメントの検討がはじまったのは、1998（平成 10）年度事業の「福祉施設における安全管理のための設計事例集」です。ここで施設建物の構造に注目をしました。翌 1999（平成 11）年には、調査研究委員会において、経営上のリスクとして、介護保険制度導入による利用料収入の不安定さ・契約にともなう債務不履行・消費者関連法令との不適合・人事・労務上のリスク・施設内事故防止などを指摘するとともに、福祉施設における事故防止のための取り組みとして、ヒヤリハット事例の活用を視野に、看護事故を参考に対応と対策を検討しました。

　同時期から、全国青年経営者会（現 全国社会福祉法人経営青年会）において、平田先生を講師に法律知識勉強会を開催してきました。全国経営協では 2002（平成 14）年に「社会福祉法人・福祉施設におけるリスクマネジメントの基本的な視点」を作成し、社会福祉法人や福祉

施設におけるリスクマネジメントの基本的視点として、8つのポイントを提示しました。さらに 2006（平成 18）年には、書籍『福祉施設におけるリスクマネジャーの実践』を出版しました。私がまだ全国青年経営者会に所属していた頃から長い年月をかけてまとめられたものですが、このどちらの編集にも児玉先生が関わっていらっしゃいます。

　2021（令和 3）年度の介護報酬改定において、施設等に安全対策担当者を配置しなければ介護報酬を下げるという方向性が示されたとき、私はこの二つをテキストとしてあらためて学び直すべきだと感じました。既に出版から 20 年ほど経過していますが、この二つに共通している部分は、社会福祉法第 3 条で謳われている「尊厳の保持」です。昨今様々な福祉施設で虐待問題等が取り沙汰されていますが、何が欠けているのかを本書の読者の皆さんに気づいていただくためにも、本日の鼎談のテーマは「原点回帰」をイメージしています。何をきっかけにリスクマネジメントの取り組みがはじまったのか、スタート地点である 2000 年の「あり方検討会」（前述）にお二人が同席されたときの感触や重視されたことなどを、いまあらためてお聞かせください。

平田　リスクマネジメントのあり方については、契約制度への転換に対する準備として考えるのではなく、介護事故にどのように対応すべきかに焦点を絞って考えました。利用者は在宅生活ができないから施設に入って暮らすのに、そこが安全でなければ信頼関係は築けません。ラポールが生じていない状況下、しかも社会福祉基礎構造改革により職員の働く環境が変わりゆくなかで、どのように事故を防いでいけばよいのかを考える必要があると思ったわけです。そしていろいろな方々とお話しするなかで、「福祉施設は最後の砦なんだから、事故は絶対にあってはいけない」といった抽象的で無責任なかけ声が一番危険だと感じました。そのような要求が続くと職員はバーンアウトし続け、現場が耐えられなくなるのは目に見えています。基礎構造改革において福祉業界が契約制

度に移行していった本来の趣旨は利用者の尊厳を守ることですが、実際の制度は効率性が重視される方向にすすんでしまい、手間のかかることが削られて結果的に人格の尊重が失われてしまう。これが最も危惧されることなので、私は利用者の権利擁護を推進する立場から、抽象的なかけ声や効率性を重視することの危険性に対処するための仕組みづくりがどうあるべきかを考えなければならないと思い、かかわりはじめました。ところが「現場の職員の尊厳」も大事にしながら介護事故を減らすにはどういう工夫ができるかと考えること自体が、利用者の権利擁護に直結する問題となっているのですから、そこが対立構造として論じられてしまったことに違和感ももっていました。

児玉　私が最初に関与させていただいたとき目標に設定したのは、やはり"笑顔と満足"です。利用者と家族が最後の最後まで人としての尊厳を守られ、最期の時間を自分らしく過ごすことができること。家族の思いと本人の思いがきちんと重なり合って、それを支える事業者の仕事がいきてくること。それがめざすべきゴールだというイメージをもちました。

　「事故があってはならない」とあまり言うと、言ってはならない言葉となってしまいます。現に高齢者や障害のある方のADL（日常生活動作）が徐々に落ちていく状況では、転倒や転落、誤嚥、窒息、入浴事故などは間々ある事例ですが、どれもノーマライゼーションと裏表になっています。絶対に転倒・転落しないようにするためには、立ち上がらせなければよい。絶対に誤嚥や窒息が起こらないようにするためには、胃ろうにすればよい。絶対に入浴事故が起こらないようにするためには、お風呂に入れなければよいのです。

　でも福祉の現場では、その人の日々の生きる喜びを支えていくために、最後の最後までスプーン1杯のゼリーを食べさせてあげたいと思う。あるいは最後まで自分の足で歩いてトイレに行けるという、人としての尊

厳を守ってあげようとする。事故を防ぐこ
とが最上の目的だというドグマに支配され
てしまうことで、その人らしい時間を過ご
させてあげたいという福祉関係者の最も根
本にある福祉の心に抵触するような側面が
出てきてしまい、防衛や萎縮のためのサー
ビス提供になっていきはしないか、という
懸念がありました。

児玉　安司 氏

　日本老年医学会が立て続けに声明を出し
ていますが、転倒に関しては、転倒を事故
や事件、賠償といった視点でとらえず、加
齢現象の一つとして許容しながら、ただし納得のいかない事故にはなら
ないように支えていこうという考え方が強くなってきています。少しず
つ現実を直視しながらリスクを認識し、その上でどのような選択をして
いくかを家族や利用者とともに考えていけることが、福祉の仕事の最も
よい部分ではないかと思います。

　社会的な背景をみますと、1999（平成 11）年を境に国内における
医療事故報道が多発し、2006（平成 18）年頃まで医療不信の論調が
続きました。医療崩壊といわれるほど強い論調に転じたのが 2008（平
成 20）年くらいです。この約 10 年間、医療界は世論による激しい批
判の渦中にあったわけです。政策当局の動きはたいへん早く、2001（平
成 13）年には厚生労働省に医療安全推進室が設置され、日本医学会の
会長を務めておられた森 亘 先生とともに、医療安全対策検討会議を開
きました。本格的な安全対策の取り組みを立案し、個人の注意力に頼る
安全管理から、仕組み全体での安全管理へと大きく移行を図りました。

　大きな柱としては、報告制度の確立、原因探求委員会の設置、マニュ
アルの作成、研修の実施、そして再度報告制度に戻るという PDCA サ
イクルを骨組みとした安全対策です。このシステムズアプローチを報告

書として明示したのが 2002（平成 14）年、そして翌 2003 年には
特定機能病院においてそれらが実装され、現場での安全対策を確立させ
ようとする動きにつながっていきました。その間も医療における民事訴
訟及び医師等の民事・刑事処罰の数は激増し、ピーク時には年間 59 人
まで増加しました。

　文字どおり喫緊の課題として、おびただしい数の研究班や検討会等が
立ち上がり、医療安全に対する取り組みが急速にすすんでいきました。
世界的にみても、1999 年に米国医学会学術会議において Institute
of Medicine」（IOM）レポート「To Err is Human」（邦訳「人は誰
でも間違える」）が発表されたことを契機に、1990 年代終わり頃から
個人による注意力頼みの管理、つまりフェイルセーフ（Fail Safe）もフー
ルプルーフ（Fool Proof）もない安全対策に対して、厳しい批判があがっ
てきていました。そういった世界の最前線の動きにならい、日本の医療
安全管理システムが発展していった時期です。

　その動きのなかで中心的な役割を担っていたのが、看護師です。看護
師は介護事業にも深いかかわりをもっていたため、当時、リスクマネジ
メントに関する取り組みをスタートするにあたって、看護管理の観点か
らのリスク管理が急速に浸透していきました。さらに、医療業界より介
護業界のほうが、当時想定されていた安全管理、とりわけ QC サーク
ルやクオリティーインプルーブメント（Quality Improvement）、い
わゆる品質改善活動になじみやすい側面があったため、全国経営協のな
かでも村岡さんをはじめとする青年会の方々が、隣接する看護協会の動
きに極めて敏感に反応され、介護福祉サービスの質改善にも有効な手段
であるといち早く気づかれ、それらを有効な手段として活用するにはど
のように実装すればよいかという工夫が積み重ねられていったことと思
います。

村岡　私も当時の看護協会の動きを学び、アメリカでのリスクマネジメ

ントはヒューマンエラーを否定しないところからはじめることが常識になっていることを知って、それを基に福祉の世界でも安全対策を組み立てていかなければならないと考えました。当時、社会福祉基礎構造改革が行われているなかで QC 活動が盛んだったのですが、そこでは利用者ではなく職員目線で語られていました。QC 活動と権利擁護活動は、なかなか接点がもてず、完全に切り離されているようなかたちだったのです。私はむしろ QC 活動と利用者の権利擁護を統合するかたちで、現場の新しいリスクマネジメントを考えられないかと思案しながら、全国経営協のリスクマネジャー養成講座やリスクマネジメント講座を行っていました。特に看護の現場における注射器の取り違え等のヒヤリハットは、福祉の現場における嚥下機能が低下した人に喉に詰まりやすいものを与えるといったヒヤリハットにそのまま応用できるのではないか、それと QC 活動を合わせるというイメージがなんとなくありました。児玉先生は医療の側から看護協会のヒヤリハットやインシデントレポートの集め方などをご覧になって、介護業界との違い等は意識されていましたか。

児玉　私は介護の世界のほうがむしろクオリティーインプルーブメントが根づく土台があると感じていました。正規分布している質のしっぽを切り落とす方法がクオリティーアシュアランス、つまり品質保証であるのに対して、クオリティーインプルーブメントは、ばらつきを小さくして平均値をあげていく方法です。注意力が足りない個人を責め立てて排除するような発想ではなく、みんなの気づきを現場の危険予知につなげ、身の丈に合った実用のレベルでマニュアル化していこうとする発想、ボトムアップを中心とした活動という意味で、介護の現場になじみやすい部分があったと思います。1990 年代の医療現場では医師による「最善の注意義務」があり、その代わりに専門性の高い裁量的判断が与えられていたため、マニュアル化しにくい側面が多々ありました。現在はク

リニカルパスの導入が一般化され、判断に幅をもたせることが可能になりましたが、当時は医師の決定権が圧倒的に強かったのです。

その後JCAHO（アメリカの医療機能評価機構に相当する組織）が「Introduction to Quality Improvement in Healthcare」という声明を出して、日本の製造業の生産管理モデル、大量生産の品質管理や品質改善モデルを基軸に、より集団的なチームプレーを重んじながら裁量性の低いサービス提供を行う方向性を示しました。これには、医療現場よりむしろ介護現場に適合的なのではないかという印象をもちました。介護職員がリスクマネジャーとして活躍している介護福祉の現場では医師の参加率が低いため、それほど壁を感じることなくリスクマネジメントが方法論として受容、適用、実装しやすかったといえます。また介護職員の職務では定型的な業務をトップダウンで命ずることが通りやすい部分もあるため、こういうときにこういう書式でこういうレポートを出し、こういうふうに討議しましょうと手本を示すと、業務の一環として浸透しやすかったといえるかもしれません。

村岡　当時、ヒヤリハットやインシデントレポートを義務づけた病院では、医師側からも看護師側からも8割程度までしか提出が増えなかったそうです。残念ながら事故が起きているのは、残りの2割の範疇でした。一方、福祉施設でヒヤリハットを収集すると、種別にもよりますが100パーセントに近い割合で提出がありました。福祉のよいところですね。そもそも日本の福祉現場でのリスクマネジメントの取り組みは、何がきっかけではじまったのでしょうか。

契約制度と契約書のあり方

児玉　1999（平成11）年に厚生労働省が社会福祉基礎構造改革に関する資料を発表したことがきっかけといえます。ここで示された三つの理念の一つめは「個人の自立を基本とし、その選択を尊重した制度の確

立」です。自立と選択の尊重は、自己決定からの契約という大きな流れをつくります。二つめは「質の高い福祉サービスの拡充」。量的なものだけでなく質の高いサービスの拡充が求められ、その具体的な方法がリスクマネジメントでした。三つめが「地域での生活を総合的に支援するための地域福祉の充実」。これは現在の地域包括ケアにつながる考え方です。

　1999年当時、私は全社協版と東京都版の二つのモデル契約書の作成サポートをしていました。実務をこなしながら、契約書ができることに対する事業者側の大変な不安感を感じたことを覚えています。介護福祉の現場で契約を結び、業務の一環として利用者から料金をいただいて、それに見合うサービスを提供すること、もしサービスの質が悪ければ、例えば解除権や損害賠償請求権といったものが発生することに対する不安感です。

　リスクマネジメントの取り組みのための指針をつくった当初は、「危機管理マニュアル」と呼ばれていました。介護福祉業界は契約に移行すること自体を危機ととらえ、危機管理のための具体的な方策としてリスクマネジメントをしたいと考えていたのです。危機対策はクライシスマネジメントであり、リスクマネジメントは、むしろ日常のサービスに内在する危険な事象の事前予知と管理を意味しているということが、なかなか理解されませんでした。大切な福祉の原点が取り残されていく印象があったのです。だから「福祉サービスにおける危機管理（リスクマネジメント）に関する取り組み指針」のサブタイトルに、あえて「利用者の笑顔と満足を求めて」と入れさせていただきました。介護福祉業界の皆さんには、契約への移行を危機ではなくむしろチャンスととらえ、これまでめざしてきた質の改善を社会実装する機会がやってきたと思ってほしかったのです。

村岡　確かに当時は、危機管理という言葉自体が、何か大変なことにな

平田　厚 氏

るという文脈で使われていて、施設長の研修等でも、例えばケガをしたらいくら、死亡したらいくら、などとまことしやかに語られていたことが印象に残っています。当時は契約というと土地や建物を購入するときに行うもので、ハンコを押したら取り返しがつかないというイメージが強かったので、事業者側の不安は大きかったのかもしれません。

平田　私も当時、全社協版モデル契約書の検討委員会で重要事項説明書の作成に当たっていました。契約書は利用者と事業者の対等性を形式的に確保するためのツールであり、契約することそれ自体はリスクではありません。ただ、契約関係の有無にかかわらず介護事故という人為的リスクはありますので、介護事故をできるだけ起こさないように現場の知恵を集約してリスクマネジメントの議論をしようとしました。しかしやはり現場としては、契約制度に変わること自体がリスクと感じられていたと思います。例えば判断能力のない認知症の高齢者の入所契約において、もし家族が利用料を支払わなければ入所契約を解除できるはずだと考えると思いますが、福祉の世界では、それは正当な理由がない限りサービス提供拒否に当たりますから、入所契約は簡単には解除できません。そのため、対等性を確保しようとすればするほど、利用者を"ご利用者様"と呼ぶようになるなど、事業者側があえて対等性を崩すような対応になっていってしまい、その誤解を解くのに長い時間がかかりました。

児玉　様々な議論を経て、全社協版のモデル契約書では利用者本人・事業者・家族の三者をメインとした契約となりました。この三者契約は、利用者本人・事業者・家族が福祉の現場でコミュニケーションを深めて

いくという実態に即していて、ある意味、状況を先取りしていたといえます。三者契約にすると、必ずしも成年後見の拡充を必要としないという意味でも、おもしろい着想でした。東京都版のほうは、利用者と事業者の二者契約で、解除権や損害賠償請求権といった法的制裁をともなう強い内容で、定型的な契約だったといえるでしょう。ただ私自身は二者契約版を作成しながら、非常に大きなストレスを感じていました。例えば、認知症の高齢者の方が施設に入所している場合、その方にとって解除権の行使は、路頭に迷うための自由でしかありません。損害賠償請求権は、もし過失が認められなければ、請求がまったく認められないということでもあるわけです。予防法務的な観点からいえば、契約書として形を整えていくなかで本当に必要なことは、解除権や損害賠償請求権などではなく、サービスの質の評価と、利用者の権利擁護を実際に担う第三者の存在なのです。相対の契約だけではその機能が本当の意味では果たせないのではないかという懸念をもっていました。

　また、当初は人生の最終段階における医療・介護における看取りが、今ほど意識されていなかった時代です。ADL のレベルが少しずつ下がるなかで最期の看取りにつなげていくサービスのあり方より、状態を維持したりよくしたりすることに対する報酬のほうが強く意識されていました。私はある社会福祉法人の契約書を見て、目から鱗が落ちたことがあります。この利用者は現在こういう状態で、今後は月単位でこれくらい悪化していく、それを支えていくにはこういう努力をする、でも限度はあるから、ご家族にはこんなふうにお手伝いをしてほしい、といったご家族とのミーティング内容がきちんと文字に残されていたのです。契約書と呼んでいますが、ご家族との協議録のようなかたちでした。法律家はどうしても、権利義務、債権・債務の特定、損害賠償請求権や解除権などを念頭に置きがちですが、約束をするということは、利用者と事業者、そして家族の、人生の最終段階に至る深いコミュニケーションが必要なのだと学びました。そういう意味で契約が先行してしまうことに

は違和感があり、契約という黒船がやってくると身構えるより、もっとコミュニケーションを深めるべきではないかと感じていました。

平田　おっしゃるとおりです。私は1999（平成11）年に地域福祉権利擁護事業（現 日常生活自立支援事業）のための視察でイギリスへ行き、エイジコンサーン（高齢者支援を行う団体）などについてヒアリングをしたり、出版物を見たりするなかで、インフォームド・コンセントにおいても、誰か一人が責任をもつのではなく、医師と患者と患者に最も身近な人が一緒にカンファレンスを開いて決めていくことが、その人にとってベターであると知りました。イギリスでは持続的代理権制度等において先駆的といわれていましたが、実際に現地では、契約とか法的後見とかの固い方式をとるのではなく、本人と身近な人を交えたカンファレンスにおいて、本人の自己決定を尊重し、家族の判断も参考にし、医師の専門的な知識も入れて話し合っていたのです。その方式が歴史的な経験から生み出された結果なのだという説明を聞き、これがあるべき姿ではないかと思いました。

　契約に第三者を入れる場合、これまでは身元引受人という方式で行ってきましたが、身寄りのない高齢者が増えていくことを考えると、身元引受人がいないと施設に入れないという状況はよくありません。その代わり、残置物引取人という方式で、身近な人に入ってもらう必要があると思います。また、契約書を作成する場合は、運営基準に書いていない付随義務、すなわち安全配慮義務や説明義務をプッシュした契約書にするべきでしょう。全社協版のモデル契約書は、そのような視点からつくられていると思います。

　いずれにしても、本人のためにカンファレンスを行うことが、契約制度を超えた本人支援のかたちだと考えるべきです。介護事故においても、事故が起きないようにするためにはどうしたらよいか、仮に事故が起きたとしても家族にどういう説明をすればよいかなど、契約という法的な

範疇を超えたカンファレンスの実施が、リスクマネジメントという観点からは重要です。事故の前も後もカンファレンスが続くような関係性をつくっていくことがリスクマネジャーの役割なのではないでしょうか。そういう気持ちで、リスクマネジャー養成講座にもかかわってきました。

村岡　裕 氏

リスクマネジメントの現場のへの浸透

村岡　福祉施設におけるリスクマネジメントや危機管理の視点に、標準化というキーワードも加えて講座を続けていくなかで、お二人がお気づきになった変化や受講者からの反応はありましたか。講座も回を重ねて受講者も増えてきました。はじまった 2002（平成 14）年当時は、事故報告書をきちんと作成して提出している組織は5％もなかったと思います。でもその後の 10 年でほぼ 95％まで作成率があがっています。ヒヤリハットも当時は懐疑心をもってみられていましたが、いまでは提出が当たり前になってきているのは、先生方による講座が浸透して、一つの流れをつくってきた証かと思います。

児玉　講座をはじめた当初のリアクションは、契約という新しい状況にどう対処したらよいのか、この難局をどうのりきればよいのかという、不安感が先行している印象が強くありました。利用者と事業者と家族がどこまでのリスクを許容するのか、誤嚥リスクを回避するためにどのような措置をとるのかなど、対話のなかで健康被害のあることはやってはならないといった論調が強かったのですが、時間がたつにつれ、必ずしも生物学的な生命を延ばすことだけを目標とせず、尊厳と満足のある日々の暮らしをどうやって支えていったらよいのかという視点での気づ

きや実践、取り組みが増えていきました。最初は危機管理やリスクマネジメントが至上命題だったのですが、次第にもう一歩あゆみをすすめ、みんなが納得のいくクオリティーインプルーブメントにどれだけの時間と労力とスキルを割けるのか、といった方向性に問題意識がだんだんシフトしていったように感じます。

　インシデントアクシデントレポート作成の目的は仕組み全体の改善につなげるためですが、介護の世界では当初、職員に対する査定や処罰のためなのではという懐疑的な部分がありました。しかし次第に個人の注意力や能力に依存するリスクマネジメントではなく、根本要因分析や背景要因分析を行うためのグループワークをたくさん取り入れるようになりました。例えばお風呂場で利用者さんに「ちょっと待っていて」と言い、一人で立たせておいて転倒事故になった事例では、背景要因はいろいろあります。ベテランが持ち場を離れる理由は、大抵ほかの要件で呼ばれるから。新人が持ち場を離れるのは、大抵何か忘れ物を取りに行くから。それなら、ベテランでも入浴介助中は持ち場を離れなくてもよいというルールをつくったらどうか、新人は忘れ物をしないように入浴持ち物リストをつくっておいてはどうか、などチームとしてどのような役割分担をするかという着想が事故防止に重要だということが、だんだんリアルな認識としてもてるようになってきました。

平田　事業者側は当初の肩の荷が下りたというか、緊張感が緩和していった印象があります。最初は新しい制度にのり遅れちゃいけないから参加しなさいというトップダウン方式での消極的な参加が多かったのですが、徐々に主任やリーダーなど現場で責任をもっている方たちが、自分はどうしていけばよいのかということを考えるための、積極的な参加に変わっていきました。学びの機会を得られた、自分がやってきたことが正しかったと再確認できた、といった感想も増えてきましたが、自分の行いが正しいかどうかという疑念をもっていること自体、まだ法人全

体では我われの感覚を完全に共有化できていないということだと思います。クオリティーインプルーブメントへの道のりはまだ遠いですが、だんだんと近づいているという実感はあります。

　ヒヤリハットの浸透は、福祉業界では早かったという印象をもっています。嚥下事故等は裁判の基準もどんどん厳しくなっていますが、それにもかかわらず、生活の質を下げないため、簡単に胃ろうを造設したり経管栄養にしたりミキサー食にしたりせず、常食でがんばりましょうという施設がかなりの数で残っています。そういう意味では、危険だからという理由で公園の遊具を撤去することなどに比べたら、福祉施設では本人の尊厳を守るためにとてもがんばっていると思います。

　福祉の世界では職員が事故を自分ひとりの責任だと感じる傾向がとても強いです。福祉職の方は自分のかかわりが原因だったのではないか、自分がこうしておけば事故は起きなかったのに、と後ろ向きの発想をして、自分だけで責任を引き受けようとしてしまう。でもそれは傲慢であり、決してサービスの質の向上にはつながりません。再発を防止するためには、自分だけが悪かったわけではなくシステムエラーがあったと認め、何を改善すればよいのかを生み出すことが必要です。そういう前向きな発想の転換ができるようになってきたことは、講座を続けてきた最も大きな意義だったと感じます。

記録に何を書くのか

村岡　介護保険制度がはじまる少し前くらいの1995年頃より、医学モデルから生活モデルに変えていこうと、介護現場で働く人たちを中心とした前向きな動きがあったことも影響しているかもしれませんね。社会福祉法第3条の「尊厳の保持」の視点、そして個人の責任ではなく仕組み上のエラーに目を向けようという変化が、講座の継続のなかでずいぶん定着してきたように思います。

　一方でまだ認識が不十分だと感じる部分が「記録のあり方」です。こ

れまで記録の書き方や方法論については看護の分野から学んできましたが、今後は法的な意味での記録のあり方にも、もう少し踏み込んだほうがよいのではないかと感じます。介護現場の職員の残業で非常に長い時間を占めているのは、じつは記録のための時間なのです。作業効率をあげるためにも、なぜ記録をとるのか、記録とは何を意味するのかということを、現場に伝えていく必要性があるかと思いますが、いかがでしょうか。

児玉　記録とは、それぞれの時点で自分が何を認識しどう行動したかを書くものであり、結果が発生してしまってから反省を書くものではありません。前方視的（プロスペクティブ）や後方視的（レトロスペクティブ）などと表現しますが、時々刻々の認識や行動を記録していくこと、しかも簡潔明瞭に書いていくことが大切で、各々の記録に「ずれ」があるのが本来の姿です。それをすり合わせてしまうなど何らかの力がはたらくと、記録にバイアスがかかってしまいます。結果からさかのぼって長大な考察と反省文を書くことが記録だという誤解があり、それが業務的な意味でも心理的な意味でも、記録に対するハードルを高くしているという懸念があります。複数の人がいれば複数の記録ができ、それぞれの人が書き残したメモの集積が、次第に同じ方向を指さしていくという方法で事実を認定することが、法律家のやり方です。おそらく現場の管理者の方々も、様々な立場の職員のさまざまな目線による記録があることで、事態の大筋をきちんと認定できるはずです。間違えても揺らいでもいいから、そのとき自分が認識したことを素直に記録することで客観的な認識が生まれるというとらえ方をしないと、記録のハードルは高くなってしまいます。

平田　記録は事実を記載するためにあるもので、評価を記載するためのものではありませんが、そこがなかなか理解してもらえません。記録は

介護事故が起きるなど不利益な状況のときに公開されるため、個人のミスにフォーカスが当たることを恐れ、事実を書けと言われても書かないという選択肢が出てきてしまう。そうすると記録の意味がなくなります。だから、先ほどのシステムエラーをチェックするための記録だという認識が広がってこそ、初めて事実の記載がいきてくるわけです。そこを徹底しなければなりません。

　私は、弁護士として仕事上、様々な記録を読んでいますが、評価ばかりが記載されていて、記録になっていないものが多いです。しかも利用者のことではなく、支援者がどう感じたかだけしか書かれていない記録もたくさんあり、書き方の修正には長い時間がかかります。記録作成に関する研修があまりにも少ないですし、指導できる人も少ないですが、記録の作成自体は利用者の権利擁護の観点からも、システムエラー発見の観点からも非常に重要なツールですから、リスクマネジャー養成講座においても、正面からそれらを組み入れていただきたいです。利用者側が訴えて事業者側が勝訴した事件では、支援のプロセスが介護記録で明確に残っています。それらの記録を教材として研修等ができるのではないかと考えています。

児玉　看護記録は医師が回診のときに点でみた状態の間の変化を埋めていく目的があり、基準看護を満たすためにどこまで書くべきかが比較的定型化されています。看護必要度の評価のための方法論としては、SOAP（Subjective〔主観的情報〕、Objective〔客観的情報〕、Assessment〔評価〕、Plan〔計画〕）があります。急性期の病院では主観的情報と客観的情報が評価と計画の変動をもたらしますが、果たして福祉・介護の現場では看護と同じ着想でよいのか、状態像がそれほど著しく変化しない場合にアセスメントとプランまで書くことはややオーバースペックではないか、と感じます。どのような状態の患者さんにどのようなサービスを提供する場合にどの程度の記録を残していくべきかのさじ加減が、サービス種別ごとにもうひと工夫必要かもしれません。

またとりわけ事故の際は、記録に評価や主観が回顧的・後方視的に混入している点も検討の余地があります。

　さらに、IT化も欠かせません。実際に監視カメラの導入が増えてきていますが、例えば高齢者介護の現場だと排泄介助等もありますので、そういう場に監視カメラをつけてよいとは、弁護士としてはいいにくい側面もあります。病院においては、麻酔をかける部屋やICUのベッドの動画を大画面で共有し、熟練した医師が全体にアドバイスできるような仕組みづくりは、IT化のもたらす効率化の一つです。昔の温度板は看護師が患者さんの変化する数値を目で見て手で書いていましたが、現在は全自動化できる状況が整ってきています。全自動化したものと比べると、看護師が手で残した記録は主観でずれていたことがわかります。人は悪いと思うと悪いほうの数字をひろい、よいと思うとよいほうの数字をひろうものですので、どこまで記録にITの力を取り入れられるかが今後の課題です。

平田　発言内容をパソコンに音声入力で一気に記録するなどのIT活用は、時間との兼ね合いで必要かもしれません。修正が必要かもしれませんが、そういうかたちで時間を省略化できるメリットはあります。今後どのような場面でIT化を取り入れていけるかが課題です。

　看護記録は、本人の能力をチェックできるという意味でとても役立ちます。裁判上、本人の能力判定はとても重要ですので、何月何日何時の時点でどのような発言をしたかが方言等を含めたリアルなかたちで細かく残っていると、本人の能力判定に直結します。介護記録の場合、客観的な状態像は書いてあっても本人の発言内容はそれほど細かく書いていないことが多々ありますので、もちろん時間的な制限があり悩ましい部分ですが、本人の発言という事実を書くといったことは大事だと思います。

村岡 福祉関連の書籍を探しても、記録に関して解説しているものは、たぶん数冊しかないと思います。看護業界から方法論をもってくることはできますが、そもそも記録とは何のために書くのか、本来の意味等を養成講座でも取り入れたほうがよいですね。

施設内虐待と権利擁護

村岡 もう一つの論点としては、近年、施設内虐待に対する注目が集まっています。生活の場では事故は一定の割合で起きるため、ゼロにはできませんが、虐待はゼロにしなければなりません。その意識をあらためて施設や経営者がはっきりと認識しておかなければなりません。お二人の見解を伺うとともに、施設職員や経営トップに対するメッセージをいただけますか。

平田 虐待防止法は議員立法で成立していることもあってか、まずは虐待の概念が確定していないことが問題だと思います。津久井やまゆり園事件は虐待事件として報道されていますが、元職員による犯罪だと思います。それを虐待ととらえてよいのでしょうか。ジャニーズ事件のような性加害事件を虐待防止法で対処すべきだという意見もありますが、いわゆるジャニーズ事件も性的虐待ではなく性犯罪だと思います。権利侵害と虐待と犯罪はどこが違うのかという原点に戻って考え直さなければいけません。何が権利侵害で、何が虐待で、何が犯罪なのか、再発防止のために何が必要なのかという視点で考えなければいけない。施設内虐待は犯罪であり虐待でもあります。職員による虐待は絶対にあってはいけないし、利用者の人格は保障されなければいけない。

　他方で悩ましいのは、職員に対する利用者や利用者の家族によるカスタマーハラスメントが増えていることです。だから職員の労働条件を改善しなければ虐待の再発防止はできないのではないかという意見があります。気持ちはわかりますが、労働条件を改善したからといって虐待が

なくなるというものではありません。原因がカスタマーハラスメントで
あるならば、きちんとそれに対処する責任の仕組みをもたない限りは解
決しません。新型コロナウイルス感染症の影響もあり外部の目が入らな
くなって、施設内という閉鎖的かつ環境が見えない状況をつくりだし、
そこで虐待を起こしているので、労働条件の改善だけではなく、苦情解
決制度も含めて透明性の確保という措置をとることによって再発防止に
つながるという発想を忘れてはいけません。もう一度国レベルで原点に
戻らなければ、再発防止は不可能だという気がしています。

児玉　学生に講義をするとき、虐待防止法という法律には、虐待を処罰
する規定がないこと、傷害であれ暴行であれ保護責任者遺棄であれ、処
罰は刑法で十分なツールが揃っていること、虐待防止法は支援をする者
が適切な支援を怠り、人間の尊厳を侵害するような行為を積極的に行う
ようになった場合に、どう立ち直らせもう一度原点に立ち帰って擁護者
としての道に戻らせるかという発想が根本にあることを説明します。虐
待防止法の中身は支援であり、カウンセリングや離職期間、慣らし期間
や見守りが必要なのです。犯罪行為の取り締まりではないので、監視と
いう言葉を使いたくありませんが、もう少し透明性が高くサービス提供
の現場を見守ることができる仕組みづくりが必要です。繁忙な介護現場
で虐待という異常な心理状態に落ち込んでしまう人が少なからずいるの
であれば、そこにどういう仕組みが必要なのかを多面的に考えていく必
要があります。

　昨今は保育所等の虐待報道も目立ちます。もちろん一過的に同じもの
が集まって集中報道になっているので、実際に増加しているのかどうか、
実情はどうであるのかは、必ずしもわかりません。体質改善の根本にあ
る、保育の仕事に携わる人たちの誇りとそれを支えるリスペクトが、社
会全体から次第に失われていくと、残念な事象が増えていきかねません
ので、心配しています。

これからの福祉現場に期待すること

村岡　虐待や権利擁護の定義を明確にしないまますすめてはいけません
ね。社会福祉のなかでそういった言葉をはっきりまとめていかなければ
いけないと感じています。最後に、法人経営者や社会福祉に携わるすべ
ての方々へ向けてメッセージをお願いします。

平田　我われも高齢者になりつつありますが、これから先は若い者に学
ぶことも必要だと思います。我われの世代では福祉の世界はこういうも
のだという固定観念が非常に強いと思いますが、それでは時代の認識と
ずれが生じてくるのではないかと思います。プライバシーやハラスメン
トなどという感覚は、若い世代と我われの世代とでは大きなギャップが
あるように感じます。若い人たちが感じていることを率直に受けとめて、
福祉の世界ではどのようなことをやっていけばいいのか、若い世代に期
待するとともに、彼らから学ぶという謙虚な姿勢を忘れてはいけないと
思います。リスクマネジメントに関してもきちんと発言してもらい、若
い世代がどういう気づきをもっているのか受けとめる体制をつくってい
かないと、仕組みの見直しはできないでしょう。

児玉　経営者が最も心がけなくてはいけないことは、ガバナンスに尽き
ると思います。もともとガバナンスという言葉の根本にあるのは、ステー
クホルダーとのフェアな情報共有と対話です。社会福祉法人の経営者が
自分の従業員しか見えていないのであれば論外ですが、従業員と利用者
さんだけでも、ガバナンスの視点からすると狭きに失する。地域福祉を
立体的、主導的に展開していくためには、社会福祉法人がその担い手と
して何をめざしているのかというメッセージを地域の多様なステークホ
ルダーに向けて発信し、地域でセーフティーネットを求めている人の声
を細やかに聞き取っていくこと、そういう双方向的な対話を増やしてい
くことが、社会福祉基礎構造改革の3番めの柱である「地域での生活を

総合的に支援するための地域福祉の充実」という大きな課題につながっていくのではないかと思います。

　社会福祉法人にとってのステークホルダーは、国民全体です。ある社会福祉法人では、毎年20以上の事業所から、その年最もよかった経験や事例を集め、予選会を行い上位４チームが地域の公会堂で発表会を行っています。市民にも公開して利用者さんやその家族、通りすがりの人や老人会にも案内を配って、うちの法人はこんな貢献ができたということを発信しています。リスクマネジメントでヒヤリハットや失敗事例ばかり集めていると、職員は元気がなくなりますから、そういう元気の出る成功事例等を地域に開かれた場で発表する機会をつくっていくことも工夫の一つかと思います。そんなにやってくれているのだと地域から暖かく支援・理解していただけるご褒美もありますので、そのように地域に開かれた法人をめざしていただきたいです。

村岡　本日はありがとうございました。

（収録日：2023年11月20日）

おわりに

　福祉サービスにおけるリスクマネジメントの取り組みは、スタートして
からすでに22年が経過しました。取り組みをはじめた当時は、厚労省や
全国経営協が作成した指針に基本的な考え方は示されていたものの、実際
に仕組みを運用するために必要なツール類がなかったため、当時の全国青
年経営者会において、事故報告書・ヒヤリハット報告・リスクアセスメン
トシート・業務手順書・福祉現場に即した事故要因分析など、様々なツー
ル類や手法を試行錯誤の上共同で作成・開発し、皆で運用してきました。
並行して組織内での委員会設置や研修会などの体制整備も、各法人や福祉
施設ですすめられてきました。各法人等では、それら整備された体制やツー
ル類を、今の経営環境に照らし合わせて再確認・再構築する段階にあると
いえます。

　一方、福祉サービスのリスクマネジメントがスタートして相当の年月が
経過した今、改めて、福祉サービスのリスクマネジメントは何をめざして
きたのかといった、当初の目的を再確認することも必要です。時代の変化
とともにその目的を見直す必要があるのか否か、どんな取り組みも、常に
環境に適応しているものでなくてはならないからです。そこで、福祉サー
ビスのリスクマネジメントの取り組みをはじめるにあたり、その基礎を築
いてこられた児玉安司弁護士、平田厚弁護士に、当時の社会的背景やそこ
から生じる問題点、取り組み課題など、てい談をとおして改めてうかがい
ました。

　2024（令和6）年1月1日に発生した能登半島地震では、福祉に求め
られる地域貢献が、福祉施設などを介してといったこれまでのイメージを
超え、地域に設置される福祉避難所でのサポートはもとより、一般の避難

所や仮設住宅のサポートをも視野に入れたものに広がりはじめました。福祉サービスのリスクマネジメントの取り組みも、いまや事業所の枠を超え、広く地域社会に適応する仕組みとして機能することが求められる時代になってきているといえます。

　令和6年4月

村岡　裕

参考文献等

1　厚生労働省「福祉サービスにおける危機管理（リスクマネジメント）に関する取り組み指針（平成 14 年 3 月)」

2　全国社会福祉法人経営者協議会『社会福祉法人・福祉施設におけるリスクマネジメントの基本的な視点＜Ver.3 ＞』2021 年

3　全国社会福祉法人経営者協議会「全国経営協　アクションプラン 2025［2021 ～ 2025　中期行動計画]」2021 年

4　日本経済新聞、2011 年 7 月 3 日

5　東京海上日動リスクコンサルティング株式会社「リスクマネジメント最前線」2014 年

6　野口和彦『リスクマネジメント』日本規格協会、2009 年、5 頁

7　厚生省老人保健福祉局企画課長通知「指定介護老人福祉施設の人員、設備及び運営に関する基準について」（平成 12 年 3 月 17 日付／老企第 43 号）

8　川村治子『系統看護学講座　別巻 16　医療安全』医学書院、2005 年、11 頁

9　平田厚「第 3 章第 7 章 社会福祉施設における権利擁護」宮田裕司編『社会福祉施設経営管理論 2023』全国社会福祉協議会、2023 年、226 ～ 227 頁

10　平田厚『社会福祉法人・福祉施設のための実践・リスクマネジメント』全国社会福祉協議会、2002 年、18 頁

11　厚生労働省ホームページ「ハラスメント裁判事例、他社の取組などハラスメント対策の総合情報サイトあかるい職場応援団」

12　厚生労働省「事業主が職場における優越的な関係を背景とした言動に起因する問題に関して雇用管理上講ずべき措置等についての指針」

13　厚生労働省「介護現場におけるハラスメントへの対応に関する調査研究事業報告書」2019、44 頁

14　厚生労働省ホームページ「介護施設・事業所における業務継続計画（BCP）作成支援に関する研修」

15　全国社会福祉法人経営者協議会、全国社会福祉法人経営青年会編『福祉施設・事業所における事業継続計画（BCP）のポイント～利用者と地域を守り抜くために～』全国社会福祉協議会、2023 年

16　近藤隆雄『サービスマネジメント入門』生産性出版、2007 年、26 頁

全国社会福祉法人経営者協議会　研修委員会
リスクマネジャー養成講座検討会　委員名簿

（敬称略）

湯川　智美	千葉県・社会福祉法人六親会
中田　年哉	宮城県・社会福祉法人仙台市手をつなぐ育成会
辻中　浩司	山口県・社会福祉法人松美会
村岡　裕	石川県・社会福祉法人佛子園
菊地　月香	栃木県・社会福祉法人同愛会
蓮実　篤祐	千葉県・社会福祉法人六親会
前川　徹	福井県・社会福祉法人親渉会
八田　早代	岡山県・社会福祉法人岡山千鳥福祉会

＜ 2024 年 2 月現在＞

福祉施設・事業所のための
リスクマネジメント
～体制整備の視点とリスクマネジャーの役割～

発　行　2024 年 4 月 12 日　初版第 1 刷発行
編　著　全国社会福祉法人経営者協議会
発行者　笹尾　勝
発行所　社会福祉法人 全国社会福祉協議会
　　　　〒 100-8980　東京都千代田区霞が関 3-3-2 新霞が関ビル
　　　　電話　03-3581-9511
定　価　1,320 円（本体 1,200 円＋税 10%）
印刷所　株式会社 丸井工文社

禁複製

ISBN978-4-7935-1459-3　C2036 ¥1200E